I0821810

Herders Bibliothek der Philosophie des Mittelalters

Herausgegeben von
Alexander Fidora, Matthias Lutz-Bachmann,
Isabelle Mandrella, Andreas Niederberger

Band 46

Petrus Damiani

Über die göttliche Allmacht

Petrus Damiani

Über die göttliche Allmacht

De divina omnipotentia

Lateinisch
Deutsch

Übersetzt und eingeleitet
von Peter Nickl

FREIBURG · BASEL · WIEN

für Pietro

www.herder.de
Umschlaggestaltung: Finken & Bumiller, Stuttgart
Satz: SatzWeise, Bad Wünnenberg
Herstellung: Těšínská Tiskárna a. s., Český Těšín
Printed in the Czech Republic
ISBN 978-3-451-38403-5

Inhalt

Anhang

Einleitung

1. Eine »brillante Intuition«

Eine »brillante Intuition,«[1] so nennt einer seiner besten Kenner den Hauptgedanken, den Petrus Damiani in seiner Schrift *Über die göttliche Allmacht* entwickelt. Worum geht es? Um nichts Geringeres, als den zentralen Satz aller Logik in Frage zu stellen: den Satz vom Widerspruch. Oder besser: Damiani verteidigt eine unerhörte Behauptung, die auf die Aufhebung des Satzes vom Widerspruch hinauszulaufen scheint – die Behauptung nämlich, Gott könne die Vergangenheit ungeschehen machen. Aristoteles hatte, eher beiläufig, in der *Nikomachischen Ethik* erwähnt: »Daher hat Agathon recht, wenn er sagt: ›Denn diese Fähigkeit fehlt als einzige auch Gott, ungeschehen zu machen, was getan worden ist.‹«[2] Warum nimmt sich Damiani heraus, Aristoteles zu widersprechen? Nun, ihm schien es geboten, über Gott anders nachzudenken, als die Antike es getan hatte. Platon und Aristoteles kannten keinen allmächtigen Schöpfergott. Der Gott der christlichen Offenbarung, der die Welt aus dem Nichts geschaffen hat, ist ungleich mächtiger als der unbewegte Beweger des Aristoteles. Wo liegen die Grenzen seiner Macht? Diese Frage ist eigentlich eine Überforderung für das menschliche Denken. Mit welcher Logik soll es diese Grenzen ausmessen? Man kann einen Schritt weitergehen und fragen: sollen die Grenzen von Gottes Allmacht nach menschlicher oder nach göttlicher Logik bestimmt werden? Angemessen kann ja eigentlich nur das letztere sein – aber wer kennt die Regeln der göttlichen Logik? Am besten – das wird Damiani im Verlauf seiner Darlegung auch nahelegen –, man lässt

---

1 So Giuseppe Fornasari im Artikel »Petrus Damiani«, in: *Lexikon des Mittelalters*, Bd. VI, München und Zürich 1993, und Sp. 1971.

2 Aristoteles, *Nikomachische Ethik*, VI, 3 (1139 b 9–11), übers. von Ursula Wolf, Reinbek bei Hamburg 2006, S. 196.

die Finger von solchen Fragen. Aber wenn sie einmal im Raum stehen?

Damiani schreibt in einer Zeit, in der es noch keine Universitäten gibt, keine Scholastik, keine Disziplinen, die als »Theologie« oder »Philosophie« bezeichnet werden.[3] Er, der als Einsiedler in Fonte Avellana die strengen Gebote des Fastens, Schweigens und – man scheut sich, es zu sagen – der Selbstgeißelung[4] übte, hätte das Aufkommen der scholastischen Methode äußerst bedenklich gefunden. Sein kühner Gedanke, Gott könne in die Vergangenheit eingreifen, war nicht dazu bestimmt, die Philosophie zu bereichern, sondern die Unterminierung der gelebten Frömmigkeit durch die Dialektik zu verhindern.

2. Ein Blick auf Leben und Werk

Petrus Damiani wurde 1006/07 in Ravenna geboren – als letzter Sohn einer zahlreichen Familie alles andere als ein Wunschkind. »Wir sind schon so viele, dass wir kaum noch Platz im Haus haben«, soll ein älterer Bruder ausgerufen haben, mit der Wirkung, dass die Mutter ihn quasi abstillte, noch bevor sie begonnen hatte, ihn zu stillen.[5] Die Frau eines Priesters (Ironie des Schicksals: Damiani sollte einer der schärfsten Bekämpfer der im 11. Jahrhundert noch weit

---

[3] Sehr richtig hebt August Faust hervor, dass die Damiani gern zugeschriebene Wendung von der Philosophie als »ancilla theologiae« auf ihn so nicht zutrifft, denn er weist lediglich die Dialektik bzw. Rhetorik (als Teil des »Triviums« der artes liberales) in ihre Schranken (s. u., Kap. 7). August Faust, *Der Möglichkeitsgedanke*, 2. Teil, Heidelberg 1932, S. 82, FN 1. Die dialektische (rhetorische, logische) Kompetenz darf sich nicht anmaßen, die »heilige Rede« (sacra eloquia, s. u., Kap. 7) zu bevormunden.

[4] Einen neuen Zugang zu diesem Phänomen versucht Karl-Heinz Steinmetz, *Latro und Eremit: ein spiritualitätsgeschichtlicher Beitrag zur Anachorese, Transliminalität und Theologie der Freiheit bis zum Ausgang des Mittelalters*, Berlin 2014, hier S. 181–189: »Petrus Damiani und die Geißelung als *latro*-Frömmigkeit«.

[5] So schreibt der erste Biograph, Johannes von Lodi, in »Vita Petri Damiani«, ed. Stephan Freund, in: ders., *Studien zur literarischen Wirksamkeit des Petrus Damiani*, Hannover 1995, S. 206. – Das Folgende nach Fridolin Dressler, *Petrus Damiani. Leben und Werk*, Rom 1954, sowie dem online zugänglichen Artikel »Pier Damiani« von Umberto Longo im *Dizionario Biografico degli Italiani*, Bd. 83 (2015).

verbreiteten Priesterehe werden) macht der Mutter Vorhaltungen, Tigerinnen und Löwinnen sorgten besser für ihre Kinder … So kommt der Kleine schließlich in die Obhut seiner älteren Schwester Rodelinda und des Bruders Damianus (daher wohl der Namenszusatz Petrus *Damiani*), eines Priesters, der ihn in Ravenna in die Schule schickt. Der weitere Bildungsgang führt ihn nach Faenza und nach Parma zum Studium der »freien Künste«. Dort (möglicherweise auch in Ravenna) beginnt er Anfang der 30er Jahre selbst zu unterrichten. Um 1035, mit 28 Jahren, fühlt er sich zu einer anderen Lebensform berufen: er wird Mönch in der Einsiedelei von Fonte Avellana (Provinz Pesaro und Urbino). 1043 bekleidet er das Amt des Priors, in dieser Zeit entsteht seine erste Schrift: die Vita des hl. Romuald, der als geistiger Vater dieser Klostergründung gilt. Romualds Anliegen war es, das Klosterleben der Benediktiner zu erweitern um die anspruchsvollere Existenzweise der Einsiedler, denen die ägyptischen Wüstenväter als Vorbild dienten. So entstand die Kongregation der Kamaldulenser. Peter Sloterdijks Wort von den »Basislagern des übenden Lebens«[6] passt recht gut hierher. Damiani gründet im Umkreis von Fonte Avellana weitere Einsiedeleien und Klöster. Dabei intensiviert sich sein Kontakt zu den Leitern der benachbarten Diözesen – so wird er einer der wichtigsten Vorkämpfer, um gegen die Korruption des Klerus, insbesondere gegen Simonie (Ämterkauf) und das Konkubinat der Priester anzugehen. Im Dezember 1046 ist er in Rom, als Heinrich III. zum Kaiser gekrönt wird. Unversehens steht er mit Kaiser und Papst in der vordersten Reihe, um die Reform der Kirche voranzubringen. Was die Simonie betrifft, so vertritt er im *Liber Gratissimus* (Brief 40) eine weichere Linie als sein Gegenspieler Humbert von Silva Candida, der alle Weihehandlungen simonistischer Priester für ungültig erklären wollte. Strenger als der Papst urteilt er hingegen im *Liber Gomorrhianus*[7] (Brief 31) über homosexuelle Priester. 1057 empfängt Damiani die Kardinalswürde und gehört als Bischof von Ostia zum engsten Beraterkreis des Papstes. Seine Klagen, er würde lieber weiterhin als Eremit leben, klingen echt. Zwar steigt er so zu einem der mächtigsten

---

[6] Peter Sloterdijk, *Du musst dein Leben ändern*, Frankfurt a. M. 2009, S. 276.

[7] Vgl. die eingehende Studie von Glenn W. Olsen, *Of Sodomites, Effeminates, Hermaphrodites, and Androgynes. Sodomy in the Age of Peter Damian*, Toronto 2011, hier S. 206.

Männer der Kurie auf, wird Beichtvater der Kaiserin Agnes, beginnt eine spannungsreiche Zusammenarbeit mit Hildebrand, dem späteren Papst Gregor VII. Hildebrand war es, der gegen Damianis Willen dessen Erhebung zum Kardinalbischof durchgesetzt hatte, was anscheinend nur unter Androhung der Exkommunikation gelang.[8] Damiani lässt keine Gelegenheit aus, das hohe Amt zurückzugeben: bei jedem Wechsel an der Kirchenspitze versucht er, die Bürde loszuwerden und nach Fonte Avellana zurückzukehren. 1065 (oder 1067) ist es so weit: in diese Zeit fällt die Abfassung unserer Schrift, in deren Einleitung Damiani meldet, dass er das Bischofsamt aufgegeben habe.

Dem damaligen Papst, Alexander II. (er regierte 1061–1073), war Damiani freundschaftlich verbunden. Er hatte mit ihm (als dieser noch Bischof Anselm von Lucca war) eine heikle diplomatische Mission in Mailand zu bestehen. Dort war die Bewegung der Pataria dabei, die religiöse Erneuerung (gegen Simonie und Konkubinat der Kleriker) selber in die Hand zu nehmen, so dass der Erzbischof vom Volk entmachtet zu werden drohte. Damiani und Anselm erreichten 1059 (oder 1060, die Datierung ist umstritten) eine zumindest vorübergehende Einigung. Damiani muss ein begnadeter Kanzelredner gewesen sein, der »durch seine Ansprache das Volk beruhigen und sich als römischem Legaten Anerkennung und Gehorsam verschaffen«[9] konnte.

Eine dialogisch-dialektische Meisterleistung Damianis ist die *Disceptatio sinodalis*, ein fingiertes Streitgespräch zwischen einem Anwalt des Königs und einem Verteidiger der Kirche: von gegensätzlichen Standpunkten aus erörtern sie die Legitimität der Papstwahl Alexanders II. und finden schließlich zu einer Einigung (Brief 89). Zu den weiteren Missionen im päpstlichen Auftrag zählt eine Reise nach Gallien 1063/64, wo Damiani die Privilegien des Klosters Cluny gegen Bischof Drogo von Mâcon verteidigt. Auch nach Niederlegung seiner Amtspflichten wird Damiani noch gelegentlich für den Papst tätig: König Heinrich IV., der 1066 mit Bertha von Savoyen (auch: Bertha von Turin) verheiratet worden war, erklärt 1069 – er ist damals achtzehn Jahre alt –, die (noch nicht vollzogene) Ehe lösen zu wollen. Damiani reist daraufhin als päpstlicher Legat nach Frankfurt und bringt Heinrich von seinem Vorhaben ab. Im nächsten Jahr wird

[8] Vgl. Dressler, a. a. O., S. 113.

[9] Dressler, a. a. O., S. 131.

dem Paar eine Tochter geboren, 1076/77 begleitet Bertha ihren Mann nach Canossa, 1084 erleben die beiden die Kaiserkrönung (allerdings nicht durch Gregor VII., sondern durch den Gegenpapst Clemens III.). Ein letzter Auftrag führt Damiani in seine Heimatstadt Ravenna, die sich den päpstlichen Bann zugezogen hatte. Nach vollzogener Aussöhnung stirbt Damiani auf der Rückkehr im Februar 1072. Er ist im Dom von Faenza beigesetzt.

In der Petrus Damiani gewidmeten Generalaudienz vom 9. September 2009 hat Benedikt XVI. den Heiligen einfühlsam charakterisiert. Daraus seien drei Punkte hervorgehoben. Das Eremitenleben diene der Begegnung mit Gott. Das setze voraus, dass der Mensch zuhört und erst einmal Raum für Gott schafft. So sei die Zelle des Einsiedlers nicht ein öder Ort des Fastens und Betens, den man am liebsten fliehen möchte, sondern das »Gesprächszimmer, wo sich Gott mit den Menschen unterhält.«[10] Weiter lege Damiani in seiner Spekulation über die Dreifaltigkeit mit den Begriffen »processio« (Hervorgang), »relatio« (Beziehung) und »persona« (Person) Fundamente, »die dann auch für die abendländische Philosophie bestimmend geworden sind«.[11] Schließlich, so zitiert Benedikt XVI., sei Damiani »einer der größten Schriftsteller des lateinischen Mittelalters«.[12]

Das Werk Damianis besteht vor allem aus Briefen, von denen einige auf Grund ihres Themas auch als »Bücher« bzw. unter dem Namen »opusculum« bekannt wurden: So firmierte *De divina omnipotentia* lange Zeit als opusculum 36. Seit der kritischen Ausgabe von Damianis Briefen in vier Teilen durch Kurt Reindel in den *Monumenta Germaniae Historica* ist diese Unterteilung aufgehoben, die »opuscula« sind nun wieder Briefe in chronologischer Ordnung, unser Text steht als Brief 119 in Teil 3. Als kirchenpolitisch wichtigste Schrift gilt der *Liber Gratissimus;* philosophisch am bedeutsamsten ist ohne Zweifel *De divina omnipotentia.* Berühmt geworden sind

---

[10] »Cella nempe est conciliabulum Dei et hominum«, Brief 28 *(Dominus vobiscum)*, in: Kurt Reindel (Hg.), *Die Briefe des Petrus Damiani*, Teil 1 (Briefe 1–40), München 1983, hier S. 274, Z. 23.

[11] Online abrufbar unter w2.vatican.va Benedikt XVI. Audienzen 2009. – Vgl. hierzu Brief 81 *(De fide catholica)*, in: Reindel (Hg.), *Die Briefe des Petrus Damiani*, Teil 2 (Briefe 41–90), München 1988, S. 417–441.

[12] Jean Leclercq, *Saint Pierre Damien, ermite et homme d'Église*, Rom 1960, S. 172.

auch *De sancta simplicitate* (Über die heilige Einfalt, Brief 117) und *De perfectione monachorum* (Über die Vollkommenheit der Mönche, Brief 153).

Daneben gibt es Predigten – ediert im *Corpus Christianorum Continuatio Mediaevalis*[13] – sowie eine Reihe poetischer Werke (Gebete, Lieder, Sinnsprüche[14]), die in der zweibändigen Damiani-Ausgabe der *Patrologia Latina* nachzulesen sind.[15] Die meisten der genannten Werke liegen inzwischen in den lateinisch-italienischen *Opere di Pier Damiani* vor (s. Literaturverzeichnis), allerdings muss man für die *Vita sancti Romualdi*[16] immer noch auf die *Patrologia Latina* zurückgreifen.

3. Der Hintergrund: Berengar und die Wandlung

Bevor wir uns dem Text zuwenden, soll kurz sein Hintergrund beleuchtet werden: Damiani erlebt den Aufstieg der Dialektik von einer theologischen Hilfswissenschaft zur Leitwissenschaft. Wenn Damiani gern als »Antidialektiker« etikettiert wird, so darf man daran erinnern, dass er die Dialektik – als Kunst der Argumentation – nicht nur studiert und gelehrt, sondern selbstverständlich auch auf seinen Missionen und in seinen Schriften ständig angewandt hat. Das »Anti« bezieht sich nicht auf die Kunst des Disputs als solche, sondern auf ihren zu befürchtenden Aufstieg zur Herrin der Theologie. Ein eindrucksvolles Beispiel dafür liefert der Abendmahlsstreit, in dem der dialektisch versierte Berengar von Tours die Verwandlung von Brot und Wein in Leib und Blut Christi aus grammatischen Gründen für unmöglich erklärte. Kurt Flasch hat seine Argumentation so zu-

[13] Petrus Damiani, *Sermones*, ed. Giovanni Lucchesi, Turnhout 1983 (= Corpus Christianorum / Continuatio mediaevalis, Bd. 57).

[14] Als Beispiel für das ambivalente Verhältnis zu Hildebrand sei hier Carmen 195 zitiert (PL 145, Sp. 967 A): »De papa et Hildebrando. Papam rite colo, sed te prostratus adoro: Tu facis hunc dominum; te facit iste deum.« Die deutsche Übersetzung bei Dressler, a. a. O., S. 157: »Der Papst und Hildebrand. Geziemend ehr' ich den Papst, doch dich anbet' ich am Boden: Du hebst jenen zum Herrn, er macht aus dir seinen Abgott.«

[15] Petrus Damiani, *Opera Omnia*, PL 144 und 145, hier Bd. 145, *Hymnus de gloria paradisi*, Sp. 861–864; *Carmina sacra et preces*, Sp. 911–986.

[16] PL 144, Sp. 953 A – 1008 C. Mit 72 Kapiteln die weitaus umfangreichste Heiligenvita, die Damiani verfasst hat.

sammengefasst:[17] »Das Demonstrativpronomen ›dies‹ bezieht sich nach aller Ansicht auf das Brot. Wenn ›Brot‹ das Satzsubjekt ist, muß man die Identität dieses Subjekts für die Dauer des Satzes festhalten. Man zerstört die logische Form des Satzes, wenn man die Substanz des Leibes Christi gleichzeitig zum Subjekt des Satzes machen will.« Ein anderes Beispiel, mit dem Lanfrank von Pavia (der Gegner Berengars) die Gefahren der Dialektik für den Glauben zeigt, ist das folgende: »Durch sie (die Dialektik) scheint das Kreuz, d.h. der Tod Christi, für die, die sie ganz naiv auffassen, wertlos zu werden, denn Gott ist unsterblich, Christus aber Gott; folglich ist Christus unsterblich. Wenn aber unsterblich, konnte er nicht sterben.« Lanfrank fährt fort: »So auch bei der Jungfrauengeburt und bei einigen anderen Geheimnissen. Wenn man aber ganz genau hinschaut, greift die Dialektik die Geheimnisse Gottes nicht an, sondern wenn die Sache es erfordert, so bestätigt und bekräftigt sie sie, wenn sie nach allen Regeln der Kunst gehandhabt wird.«[18]

4. Aufbau der Schrift

Damiani schreibt keine scholastische Quaestio – die entwickelt sich erst im 13. Jahrhundert. Argumentierende und erbauliche Passagen wechseln miteinander ab, Wunder-Geschichten werden eingestreut, die für die Stringenz des Textes nicht unbedingt nötig wären (so z.B. das letzte Kapitel »Von dem Jungen, der durch geschlossene Türen kam«). Adressat der Schrift ist der Abt des berühmten Benediktinerklosters von Montecassino, ein Freund Damianis, zugleich sind aber alle Brüder angesprochen (Kap. 18). Bei der Frage, ob Gott »die ver-

[17] Kurt Flasch, »Das Abendmahl: Ding oder Zeichen. Berengar von Tours gegen Lanfrank«, in ders., *Kampfplätze der Philosophie*, Frankfurt a.M. 2008, S. 83–94, hier S. 90. – Vgl. Peter Schulthess, *Die Philosophie im lateinischen Mittelalter*, Zürich/Düsseldorf 1996, S. 92–95.

[18] Lanfrank, *Kommentar zum 1. Korintherbrief*, PL 150, Sp. 157 B: »Per quam (dialecticam) crux i.e. mors Christi eam simpliciter intelligentibus evacuari videtur, quia Deus immortalis, Christus autem Deus; Christus igitur immortalis. Si autem immortalis; mori non potuit. Sic de partu Virginis, et quibusdam aliis sacramentis, perspicaciter tamen intuentibus dialectica sacramenta Dei non impugnat, sed cum res exigit, astruit et confirmat.« Zit. bei Jos. Ant. Endres, *Forschungen zur Geschichte der frühmittelalterlichen Philosophie*, Münster 1915, S. 121, FN 2.

lorene Jungfräulichkeit wiederherstellen« könne (selbst in geschlechtergerechter Sprache formuliert dürfte sie heute weder Theologen noch Philosophen wirklich bewegen), geht es nicht um eine moraltheologische Spitzfindigkeit, sondern um ein spirituelles Anliegen. Die Frage, die kein Geringerer als der hl. Hieronymus negativ beantwortet hat, ist nur der Aufhänger, um ein grundsätzlicheres Problem zu erörtern: wo liegen die Grenzen von Gottes Macht, oder – weil auf diese Frage eigentlich keine Antwort erwartet werden kann – wo liegen die Grenzen unserer Rede von Gottes Macht? Wovon können wir sagen, es liege außerhalb von Gottes Macht? Wichtig ist hier nicht nur, wie die Antwort ausfällt, sondern wie sie gesucht wird. Allem Wissen über Gott kann man sich nur im Geist von höchstem Respekt annähern, denn Gott ist kein Forschungsobjekt. Damiani tritt hier nicht an als Gott-Forscher (Theologie als Wissenschaft war bis ins 12. Jahrhundert verpönt; noch der hl. Bernhard von Clairvaux bezeichnet Abaelards *Theologia Scholarium* verächtlich als »stultilogia«[19]), sondern als Verteidiger Gottes gegen diejenigen, die meinen, aufs Geratewohl Grenzen von Gottes Allmacht angeben zu können.

Damiani geht also grundsätzlich vor: gewiss, auch von Gott kann in bestimmter Hinsicht gesagt werden, er wisse oder könne etwas nicht (Kap. 3). Gott kann nichts Böses. An dieser Grenze gemessen (die in Wirklichkeit keine ist, weil das Böse nicht über eigenes Sein verfügt), wäre die Wiederherstellung der verlorenen Jungfräulichkeit kein Ding der Unmöglichkeit (Kap. 4). In Kap. 6 wird dann die allgemeine Frage aufgeworfen: kann Gott Geschehenes ungeschehen machen? In Kap. 7 legt Damiani sie »eitlen Menschen und Einführer[n] eines frevelhaften Dogmas« in den Mund. Der Allmacht Gottes scheinen Notwendigkeiten, bzw. Unmöglichkeiten, gegenüberzustehen, die sie begrenzen. Das sind zunächst logische Notwendigkeiten, die sich nicht nur auf die Vergangenheit, sondern ebenso auf Gegenwart und Zukunft beziehen. »Denn was auch immer jetzt ist, ist, solange es ist, ohne Zweifel notwendig. Solange nämlich etwas ist, ist es nicht möglich, dass es nicht ist. Ebenso ist es unmöglich, dass das, was geschehen wird, nicht geschehen wird.«

---

[19] Vgl. Jean Leclercq, »Les formes successives de la lettre-traité de Saint Bernard contre Abélard«, in: *Revue bénédictine* 78, 1968, S, 87–105, hier S. 98, FN 2.

Aber: eines ist die Rede von den natürlichen Dingen, ein anderes die Rede von Gott. »Das, was sich aus den Argumenten der Dialektiker bzw. der Rhetoriker ergibt, lässt sich nicht so einfach auf die Geheimnisse der göttlichen Macht anwenden.« Unsere Rede von der Notwendigkeit folgt den Regeln der Zeitlichkeit, unsere Logik ist Zeit-Logik. Gott ist aber jenseits der Zeit, in seiner Ewigkeit gibt es weder Vergangenheit noch Zukunft, sondern nur ewige Gegenwart. Die Kapitel 8 bis 10 entfalten eindringlich, dass alle zeitlichen (und räumlichen) Vorstellungen an Gott scheitern. Sein Schöpfer-Sein hebt ihn unvergleichlich über alles Geschaffene hinaus. Kap. 10 nimmt die Frage nach dem Rückgängigmachen der Vergangenheit wieder auf und antwortet scheinbar ausweichend (manche Interpreten sehen in dieser Argumentationsweise ein inkonsequentes Mäandrieren,[20] aber man kann den Text auch anders lesen): »Ich antworte [...]: das ist nicht das, was die göttliche Güte auszeichnet, nämlich aus nichts etwas machen, sondern vielmehr aus etwas nichts machen«. Damiani vermeidet es, sich auf die gleiche Argumentationsebene wie seine Gegner zu begeben, denn es geht hier nicht einfach darum, wer der bessere Logiker ist. Vielmehr soll gezeigt werden, dass die Frage falsch gestellt ist. Der Aufweis, dass die Attacke auf die Allmacht Gottes in die Irre führt, läuft nicht über eine wertneutrale formale Logik, sondern über eine axiologische Schiene. Die gegnerische Seite möchte die Allmacht Gottes für begrenzt erklären, präsentiert diese aber unter einem irreführenden Aspekt: etwas zerstören zu können ist nicht kompatibel mit Gottes wesentlicher Güte (Kap. 11 und 12).

Mit einer grundsätzlichen Überlegung zum Begriff der Natur erreicht der Beweisgang in Kap. 13 ein neues Level: In der uns bekannten Natur gilt ohne Zweifel der Satz vom Widerspruch, also: »was gewesen ist, von dem kann man nicht in Wahrheit sagen, es sei nicht gewesen, und entsprechend: was nicht gewesen ist, von dem kann man nicht mit Recht sagen, es sei gewesen. Gegensätze können nämlich nicht in einem und demselben Träger zusammen bestehen.« Aber wir kennen ja nur die kontingent existierende Natur *nach* der Schöpfung, das, was Gott geschaffen hat, nicht das, was er hätte

---

[20] So auch der Herausgeber der hervorragenden französisch-lateinischen Ausgabe, André Cantin. Vgl. Pierre Damien, *Lettre sur la toute-puissance de Dieu*, Paris 1972, hier S. 126–141 der Einleitung.

schaffen können. »Denn wer der Natur ihren Ursprung gegeben hat, hebt leicht, wenn er will, die Notwendigkeit der Natur auf.« Die Natur verdankt sich aber nicht natürlichen Prinzipien, sie ist vielmehr »in gewisser Weise gegen die Natur geschaffen«.

Im weiteren Verlauf dieses langen Kapitels zählt Damiani eine ganze Reihe von Naturwundern auf. Dem modernen Leser mögen diese, zum Großteil bei Augustinus aufgefundenen, Berichte über den Salamander, dem das Feuer wohltut, oder über die Stuten in Kappadokien, die vom Wind trächtig werden, ein Schmunzeln entlocken. Wichtig sind nicht die einzelnen Belege, sondern der Grundsatz: die Ordnung der Natur liegt nicht ein für allemal fest, die Macht Gottes ist immer noch präsent. Er kann Wunder tun, die über die uns bekannte Ordnung hinausweisen. Vielleicht hätte Damiani diese Beobachtung heute um das Phänomen der Schwarzen Löcher ergänzt: seit Jahrhunderten schienen die Gegenstände der Astronomie die Sterne zu sein, seit kurzem vermutet man, dass das, was wir sehen können, nur einen Bruchteil des Universums ausmacht. Und die Beschreibungen der Schwarzen Löcher greifen unwillkürlich zum Vokabular des Organischen – was vor wenigen Jahrzehnten als esoterisch gegolten hätte.

Die Erzählungen von alten und neuen Wundern in Kap. 14 bis 16 bringen keine weiteren Argumente, sie illustrieren, dass Gottes Allmacht sich in der Geschichte – auch der allerneuesten – bemerkbar macht.

Im Kap. 17 wird noch eine Alternative zum bisher aufgebotenen Gedankengang entwickelt, um die »vorwitzigen Leute zu widerlegen, denen die oben gebotene Lösung der aufgeworfenen Frage immer noch nicht genügt«. Sie reflektiert nicht auf das Verhältnis Gottes zur Natur, sondern auf die Grenzen einer Grammatik, die die Macht (das Können) Gottes in zeitliche Dimensionen einschließen will. Erst hier bringt Damiani das provozierende Beispiel (er hatte in Kap. 6 schon einmal darauf angespielt): »Rom, das einst gegründet wurde – Gott kann machen, dass es nicht gegründet wurde.« Denn zwischen der kontingenten Gründung Roms und der unveränderlichen, der Zeit enthobenen Allmacht Gottes besteht keinerlei Verhältnis. Aus menschlicher Sicht lässt sich nur der Gedanke nachvollziehen, dass Gott *vor* der Gründung Roms dieses Ereignis hätte verhindern können. Für uns ist mit der Gründung der Stadt ein unumkehrbares Faktum entstanden. Und wir müssen auch nicht befürchten, dass

Gott die Gründung Roms rückgängig macht: »Denn wenn alles, was ist, von ihm ist, hat er selbst den Dingen die Kraft zu existieren verliehen, so dass sie, wenn sie einmal existiert haben, nicht mehr nicht existiert haben können« (Kap. 10, a. E.). Aber die Bindung ans faktisch Geschehene ist für Gott nicht zwingend (spätere Zeiten haben Gottes *potentia absoluta* von seiner *potentia ordinata* unterschieden – der Gedanke scheint hier bereits vorgebildet[21]). Zwingend ist hingegen der Gedanke, dass es mit Bezug auf Gott nicht angeht, ein »Können« von einem »Gekonnthaben« zu unterscheiden, so als ob Gottes Können mit einem Zeitindex zu versehen wäre. Was er *konnte, kann* er immer noch. »Wenn also Gott in jeder Hinsicht immer alles kann, was er von Anfang an konnte, konnte er aber auch vor der Erschaffung der Dinge machen, dass das, was jetzt geschehen ist, keineswegs geschähe – also kann er machen, dass das, was geschehen ist, durchaus nicht geschehen wäre.« Klipp und klar unterstreicht das Ende von Kap. 17 den »Schluss: Wenn also alles Können Gott gleichewig ist, konnte Gott machen, dass, was geschehen ist, nicht geschehen ist.«

5. Stellt Damiani das Widerspruchsprinzip in Frage?

Für seine philosophisch-theologische Kühnheit hat Damiani reichlich Kritik geerntet. Er scheint sich zum Anwalt einer Frage zu machen, die genauso überflüssig ist wie die, ob Gott wohl einen Stein erschaffen könne, der so schwer ist, dass er ihn nicht tragen kann. An diesem Beispiel lässt sich erklären, wie die Argumentation unseres Textes angelegt ist. Im Fall des überschweren Steines kann man relativ leicht zeigen, dass es sich hier eigentlich nicht um eine richtige Frage handelt, sondern eher um eine Unfrage, um einen Kategorienfehler. Denn alle Rede von Gott setzt Gott an als den absolut immateriellen Schöpfer der materiellen Welt. Das Gewicht eines Steins steht zu Gott in keinerlei Beziehung – die Macht Gottes über den Stein ist absolut, daran kann das noch so groß gedachte Zunehmen des Steines in Raum und Zeit nichts ändern. Wer also eine solche Frage stellt (wir dürfen bezweifeln, dass sie in der Scholastik jemals

---

[21] Vgl. Irven Michael Resnick, *Divine Power and Possibility in St. Peter Damian's* De divina omnipotentia, Leiden u. a. 1992, S. 69.

formuliert wurde), zeigt also eher, dass er nicht richtig darüber nachgedacht hat, was wir mit »Gott« meinen.

Ähnlich verhält es sich in unserem Fall. Gott ist der absolute Herr der Schöpfung und der absolute Herr der Zeit. Ihm Gesetze vorzuschreiben, wonach die Schöpfung bzw. Gottes Umgang mit der Zeit zu erfolgen hätte, wäre Zeichen einer Kompetenz-Überschreitung. Damiani lehrt keinen Willkür-Gott – Gott ist gebunden an seine Güte, und wenn er durch Wunder in die Schöpfungsordnung eingreift, so gibt es doch keinerlei Hinweis darauf, dass er die Dinge durcheinanderbringt. Das wäre der Fall, wenn er tatsächlich den Lauf der Zeit rückgängig machen (wie es z. B. einmal bei »Harry Potter« vorkommt) und das Widerspruchsprinzip aufheben sollte. Wir können das nicht denken. Aber stecken die Grenzen unseres Denkens auch die Grenzen von Gottes Möglichkeit ab? Es geht hier um eine transzendentalphilosophische, bzw. transzendentaltheologische, Frage *ante litteram*. Besitzt der endliche Geist Maßstäbe, dem Unendlichen die Bedingungen seiner Möglichkeit vorzugeben? Damiani möchte zeigen, dass wir das Verhältnis Schöpfer – Geschöpf, Unendliches – Endliches verkennen, wenn wir das für Gott Mögliche bzw. Unmögliche mit den Mitteln unserer Logik beurteilen wollen. Das Beweisziel ist negativ: es geht nicht darum zu zeigen, dass Gott etwas kann, das für unser Denken unsinnig ist, sondern darum, dass wir nicht die intellektuelle Möglichkeit haben, die Grenze von Gottes Macht anzugeben.

Die Transzendentaltheologie bleibt notwendig bruchstückhaft. Sie kann festhalten, dass Gott nichts Böses kann – das wäre seinem Wesen widersprechend; sie kann ferner unterstreichen, dass eine Durchbrechung des Widerspruchsprinzips bzw. eine Umkehrung des Zeitstrahls aus unserer Sicht völlig unverständlich wäre; und sie muss sich schließlich eingestehen, dass ihr der Bezugspunkt fehlt, von dem aus sie eine vollständige Theorie des göttlichen Apriori entwickeln könnte. Kein Geringerer als Descartes hat das so zum Ausdruck gebracht:[22]

> »Was die Schwierigkeit angeht, zu begreifen, wie es Gott frei stand, zu machen, dass es nicht wahr wäre, dass die drei Winkel eines Dreiecks zwei rechten gleich wären, oder allgemein, dass die Widersprüche zusam-

[22] Descartes, Brief an Mesland vom 2. Mai 1644, in: *Œuvres*, hg. von Adam & Tannery, Bd. IV, S. 118.

> men bestehen können, so lässt sie sich leicht beheben, wenn man bedenkt, dass die Macht Gottes überhaupt keine Schranken haben kann; ferner auch, wenn man bedenkt, dass unser Geist endlich und so geschaffen ist, dass er die Dinge als möglich begreifen kann, von denen Gott wollte, dass sie in Wahrheit möglich wären, aber nicht so [geschaffen], dass er auch die [Dinge] als möglich begreifen könnte, die Gott hätte möglich machen können, die er jedoch unmöglich machen wollte. Denn die erste Überlegung lässt uns erkennen, dass Gott nicht dazu bestimmt gewesen sein kann zu machen, dass es wahr wäre, dass die Widersprüche nicht zusammen bestehen können, und dass er folglich das Gegenteil tun konnte; aber die andere versichert uns, dass, obwohl das wahr ist, wir nicht versuchen sollen, das zu begreifen, weil unsere Natur dazu nicht fähig ist.«

An anderer Stelle kommt Descartes auf diese Frage zurück:[23]

> »Mir aber scheint, von keiner Sache dürfe man sagen, sie könne von Gott nicht gemacht werden; da nämlich der ganze Begriff des Wahren und Guten von seiner Allmacht abhängt, wage ich es nicht einmal zu sagen, Gott könne nicht machen, dass ein Berg ohne Tal sei, oder eins und zwei nicht drei seien; sondern ich sage nur, dass er mir einen solchen Verstand gegeben hat, dass von mir ein Berg ohne Tal nicht begriffen werden kann, […] und dass so etwas in meinem Begriff einen Widerspruch beinhaltet.«

Vielleicht hilft ein Bild, um dieses logische Paradox zu veranschaulichen. Solange wir uns im zweidimensionalen Raum, also in der Fläche, bewegen, erscheint es ausgeschlossen, dass ein und dieselbe geometrische Figur zugleich rund wie ein Kreis und eckig wie ein Quadrat sein könne. Nimmt man aber die dritte Dimension hinzu, so vereint z. B. ein zylindrischer Körper die in der Ebene unvereinbaren Figuren: er kann sowohl einen runden wie einen rechteckigen bzw. quadratischen Schatten werfen.

6. Gegenstimmen

Die hier vertretene Interpretation, Damiani erkenne zwar das Widerspruchsprinzip für die menschliche Logik und für die uns bekannte Natur an, nehme aber Gott und seine Macht ausdrücklich

---

[23] Descartes, Brief für Arnauld vom 29. Juli 1648, in: *Œuvres*, hg. von Adam & Tannery, Bd. V, S. 223 f.

hiervon aus, wird nicht überall geteilt. Toivo J. Holopainen, ein Schüler von Simo Knuuttila, stützt sich auf die Stellen, an denen unser Autor das Widerspruchsprinzip schlechthin anerkennt und erklärt sie für die wesentlichen.[24] Damianis Projekt sei es, »zu zeigen, dass, obwohl Gott nicht ungeschehen machen kann, was geschehen ist [...], dennoch gesagt werden kann, dass er allmächtig ist«.[25] Die zusätzliche Argumentation, die in Kap. 17 ins Feld geführt wird (Gottes Können unterliegt nicht der Zeit; was er vor der Gründung Roms konnte, kann er nachher immer noch – bei ihm gibt es kein »vorher« und »nachher«), kehrt Holopainen einfach unter den Tisch:[26] »Es muss zunächst betont werden, dass Damianis Diskussion am Ende von *De divina potentia* nicht seine hauptsächliche Ansicht der Angelegenheit darstellt.« Während Holopainen sich vorher bemühte, Damianis Position von internen Widersprüchen zu befreien, so nimmt er jetzt einen eklatanten Widerspruch der Schlusspassage zum Duktus des übrigen Textes in Kauf. Mögen die Leserinnen selber entscheiden, welche Deutung überzeugender ist.

7. Thomas von Aquin gegen Petrus Damiani

Die Frage, ob Gott die Vergangenheit ungeschehen machen könne, taucht bei Thomas von Aquin an verschiedenen Stellen auf. Anscheinend war sie – häufig mit Bezug auf das Problem des hl. Hieronymus[27] – ins Standardrepertoire scholastischer Diskussion aufge-

---

[24] Toivo J. Holopainen, *Dialectic and Theology in the Eleventh Century*, Leiden u.a. 1996, S. 34. – Das ganze zweite Kap. dieser Arbeit ist Damiani gewidmet (S. 6–43).

[25] »Damiani's project in *De divina omnipotentia* is to show that even though God cannot undo what has been done [...], it can nevertheless be said that he is omnipotent.« A.a.O., S. 35.

[26] »It must be emphasized, first of all, that Damian's discussion at the end of *De divina omnipotenti*a does not represent his principal view of the matter.« Ebd., S. 41.

[27] Thomas von Aquin, *Summa theol.*, I, qu. 25, art. 4 (Deutsche Thomas-Ausgabe, Bd. 2, S. 289–292); *De potentia*, qu. 1, art. 3, obi. 9 und ad 9 (*Quaestiones Disputatae*, Bd. 2, Rom 1965, S. 13, 15); *Summa theol.*, II-II, qu. 152, art. 3, obi. 3 und ad 3 (DThA, Bd. 22, S. 26, 29); *Quodlibet* V, qu. 2, art. 1 (Opera Omnia, Bd. XXV/2, Rom / Paris 1996, S. 367). – Ich danke Herrn P. Prof. Dr. Walter Senner OP für den Einblick in das unveröffentlichte Manuskript

nommen worden. Aber im aristotelisch geprägten Denken des 13. Jahrhunderts stehen die Koordinaten fest: die Vergangenheit ungeschehen machen, das kann nicht einmal Gott, wie Aristoteles bereits bemerkt hatte. Zwei Beispiele belegen es. In der *Summe gegen die Heiden* sagt Thomas, Gott könne »nicht bewirken […], daß ein rechtwinkliges Dreieck nicht drei Winkel hätte, die zwei rechten gleich sind.« Und unmittelbar darauf folgt der Satz: »Hieraus geht auch hervor, daß Gott nicht bewirken kann, daß das Vergangene nicht gewesen ist. Denn auch das enthält einen Widerspruch.«[28] Wir erinnern uns: Descartes sieht hier keine Schwierigkeit für die Allmacht Gottes. – Das zweite Beispiel ist geradezu ernüchternd. »Daß aber Geschehenes nicht geschehen sei, besagt einen Widerspruch. Denn wie es einen Widerspruch besagt zu sagen, Sokrates sitzt und sitzt nicht, so auch: er ist gesessen und nicht gesessen. […] Daß deshalb Geschehenes nicht geschehen sei, unterliegt nicht der göttlichen Macht.«[29] Aber ist mit diesen Argumenten alles gesagt? In Thomas' Hinweis auf die Unvereinbarkeit der zeitlichen Aussagen »Sokrates sitzt« und »Sokrates sitzt nicht« fehlt eine transzendentale Reflexion: wir haben eine Logik, die zeitlich verfasst ist. Der Satz vom Widerspruch, Grundpfeiler der aristotelischen Logik und Metaphysik, besagt: »Daß nämlich dasselbe demselben in derselben Beziehung […] unmöglich zugleich zukommen und nicht zukommen

---

»From the fallen virgin to the immoveable stone: Divine omnipotence: oppression or liberation of humanity? The philosophical question from Peter Damian to Meister Eckhart«, Lectio magistralis im Angelicum am 7. Mai 2014. – Thomas hatte die Frage bereits in seinem *Sentenzenkommentar* behandelt, I, dist. 42, qu. 2, art. 2. Sie ist auf Französisch nachzulesen bei Olivier Boulnois (Hg.), *La puissance et son ombre. De Pierre Lombard à Luther*, Paris 1994, S. 224–229.

[28] Thomas von Aquin, *Summe gegen die Heiden*, Buch II, Kap. 25; hg. und übers. von Karl Albert und Paulus Engelhardt, Darmstadt 1982, S. 75 (Wortlaut leicht geändert).

[29] *Summa theol.*, I, qu. 25, art. 4 (DThA, Bd. 2, S. 291). Thomas kann sich hier außer auf Aristoteles auch auf Augustinus stützen (ebd.): »Und das spricht Augustinus aus: ›Wer so spricht: Wenn Gott allmächtig ist, dann soll er das Geschehene ungeschehen machen –, der merkt nicht, daß er so spricht: Wenn Gott allmächtig ist, dann soll Er machen, daß das, was wahr ist, ebendadurch, daß es wahr ist, falsch sei.‹« Augustinus, *Contra Faustum*, Buch 26, Kap. 5; PL 42, Sp. 481.

kann, das ist das sicherste unter allen Prinzipien«.[30] Das unscheinbare Wörtchen »zugleich« heißt: dieses Prinzip gilt für eine zeitlich verfasste Welt. Nun ist aber, wie Damiani ausführlich dargelegt hat, der christliche Schöpfergott außerhalb der Zeit. Das heißt nicht, dass sein Tun von jeder Bindung an die Rationalität frei wäre – aber es ist zumindest nicht der Zeitlogik unterworfen. Streng genommen kann Damiani also nicht beweisen, Gott könne das Geschehene ungeschehen machen – aber er kann zumindest ein argumentatives Patt erreichen: was für unsere geschaffene zeitliche Welt gilt, gilt vor der Schöpfung und in der Ewigkeit nicht. Thomas erspart sich diesen transzendentallogischen Gedanken. Immerhin gibt er in *Die Ewigkeit der Welt* einen respektvollen Hinweis darauf:[31] »Und dennoch haben manche große Männer in ihrer Frömmigkeit gesagt, Gott könne das Geschehene ungeschehen machen; und es wurde nicht als häretisch angesehen.«

8. Nachwirkung

Damianis kühner Gedanke hat nicht »Epoche gemacht«. Er stand quer zur aristotelischen Rationalität, die die Scholastik formen sollte. Bereits Anselm von Canterbury distanziert sich von ihm. Er schreibt im 7. Kapitel des *Proslogion* (entstanden 1077/78), Gott könne »weder bewirken, dass Wahres falsch, noch das, was geschehen, ungeschehen sein kann«.[32] Im Sinne Anselms wäre ein solches »Können« nicht Ausdruck von Macht, sondern von Ohnmacht. In *Cur Deus homo* – 1098 im süditalienischen Exil vollendet, also möglicherweise unter dem Einfluss von Damianis Gedankenwelt[33] – erläutert Anselm seine Position. Man kann Gott kein Können abspre-

[30] *Aristoteles' Metaphysik*, 1. Halbband, hg. von Horst Seidl, 2. Aufl. Hamburg 1982, S. 137; IV, 3 (1005 b 19–23).

[31] Thomas von Aquin, *De aeternitate mundi* (Die Ewigkeit der Welt), in: *Über die Ewigkeit der Welt. Texte von Bonaventura, Thomas von Aquin und Boethius von Dacien*, Frankfurt a.M. 2000, S. 87. – Unmittelbar vorher wurde Augustinus zitiert (wie oben, FN 29).

[32] Anselm von Canterbury, *Proslogion*, übers. von Robert Theis, Stuttgart (Reclam) 2005, S. 31.

[33] So die Vermutung von Francesco Corvino, »Necessità e libertà di Dio in Pier Damiani e in Anselmo d'Aosta«, in: Helmut Kohlenberger (Hg.), *Analecta Anselmiana*, Bd. V, Frankfurt a.M. 1976, S. 245–260, hier S. 255f.

chen, es gibt keine Notwendigkeit oder Unmöglichkeit, die seinen Willen binden könnte. Genau deshalb aber ist das von ihm einmal Gewollte unabänderlich – er könnte es nur selber aufheben; das widerspräche aber der Vollkommenheit des göttlichen Willens, der nicht einmal dies, einmal jenes will. Anselm bleibt also bei seiner Ansicht, ein Eingriff Gottes in die Vergangenheit sei ausgeschlossen – aber nicht wegen einer Unmöglichkeit, die Gott von außen, sozusagen als Sachzwang, auferlegt wäre. Allerdings formuliert er seine Position so, dass er Damiani entgegenkommt, auch wenn er anderer Meinung bleibt:[34]

> »Und wie, wenn Gott etwas tut, es nicht mehr nicht getan sein kann, nachdem es getan ist, sondern immer wahr ist, daß es getan wurde, und *man dennoch nicht mit Recht sagt, Gott sei es unmöglich, zu machen, daß das, was vergangen ist, nicht vergangen sei* – denn nichts wirkt da die Notwendigkeit nicht zu tun oder die Unmöglichkeit zu tun, sondern alleine Gottes Wille, der, weil er selber die Wahrheit ist, will, daß die Wahrheit, wie sie ist, stets unwandelbar sei –: ebenso besteht [...] dennoch bei ihm keine Notwendigkeit des Tuns oder Unvermögen des Nichttuns, weil bei ihm allein der Wille wirkt.«

Ein Autor, der zu den großen Logikern des 12. Jahrhunderts zählt, stärkt hingegen Damianis Position, indem er dessen Zeitphilosophie weiterdenkt. In seinem vor 1145 verfassten *Kommentar zum Traktat des Boethius Über die Trinität* untersucht Gilbert von Poitiers die Frage, inwiefern die Kategorie »Wann« auf Gott anwendbar ist. Wenn von ihm »er ist immer« gesagt wird, dann werden hier nicht »Zeiten mit den Zeiten verglichen«, sondern »die Ewigkeit mit den Zeiten«.[35] Ewigkeit und Zeit aber sind nicht vergleichbar. Und so ist alles Zeitliche der Macht Gottes in einer unvergleichlichen Weise unterworfen, nämlich so, dass das, »*was nicht war, gewesen sein kann*, und [das], was nicht ist oder sein wird, sein kann«, und »*so auch [das], was war, nicht gewesen sein kann*, und [das], was ist oder sein wird, nicht sein kann.«[36]

---

[34] Anselm von Canterbury, *Cur Deus homo. Warum Gott Mensch geworden*, übers. von F. S. Schmitt, II, 17, Darmstadt 1956, S. 135, 137 (Hervorh. vom Verf.).

[35] Gilbert von Poitiers, *Kommentar zum Traktat des Boethius Über die Trinität*, übers. von Isabelle Mandrella und Hannes Möhle, Freiburg u.a. 2017, S. 249 (Kap. IV, Nr. 69).

[36] Gilbert von Poitiers, ebd., Nr. 72, S. 251 (Hervorh. vom Verf.).

Wilhelm von Auxerre (gest. 1231) nimmt im Traktat über die Allmacht Gottes in seiner *Summa aurea* die Frage des hl. Hieronymus auf: kann Gott den Verlust der Jungfräulichkeit wiedergutmachen? Die Vergangenheit, so lautet der Einwand, hindert ihn daran, denn »was geschehen ist kann nicht nicht geschehen sein«.[37] In seiner Antwort zitiert Wilhelm den Magister Gilbert zustimmend, was auf eine vollkommene Bestätigung Damianis hinausläuft. Dabei wird dessen Position verdeutlicht durch die Unterscheidung einer Notwendigkeit (d.h. Unmöglichkeit, also einer Grenze für Gottes Allmacht) »seitens der Dinge« und »seitens Gottes«. Wilhelm schreibt:[38]

> »Mit Magister Gilbert ist zu sagen, dass Gott machen kann, dass diese Jungfrau niemals entjungfert wurde. Denn er, seinerseits, bezieht sich auf eine Sache nie anders, als er es seit aller Ewigkeit tut; und die Vergangenheit, die Gegenwart und die Zukunft existieren vom Standpunkt der Dinge, nicht von seinem Standpunkt aus. Wir aber sind gewohnt, uns so auszudrücken, dass wir voraussetzen, die Vergangenheit sei vergangen. Das tat auch Hieronymus, als er behauptete, Gott könne diejenige, die es nicht mehr sei, nicht mehr zur Jungfrau machen. Er kann es in der Tat nicht, wenn man annimmt, die Vergangenheit sei vergangen; doch er kann es, insofern er ist, denn er ist allmächtig [...].«

Die Pointe dieses Arguments ist, dass hier (im Anschluss an Damiani und Gilbert) die Zeit-Logik von einer Wert-Logik ausgestochen wird. Neben Gottes Ewigkeit gehalten, verblassen alle zeitlichen Bestimmungen. Nur von Gott kann man im emphatischen Sinn sagen, er *ist* – von der Vergangenheit zu sagen, sie *sei*, bzw. sie *sei vergangen*, ist richtig in der Logik der Dinge, nicht in der Logik Gottes.

Bekanntlich war es Wilhelm von Auxerre, der sich dafür einsetzte, das Aristoteles-Verbot an der Sorbonne aufzuheben. Die nächste Theologengeneration, die ganz und gar von Aristoteles geprägt war – das gilt für den Franziskaner Bonaventura[39] nicht weniger als für den Dominikaner Thomas von Aquin –, hatte (Ironie des Schicksals) für Gottes Macht über die Vergangenheit kein Verständnis mehr.

---

[37] Wilhelm von Auxerre, *Summa aurea*, Buch I., Traktat 11, Frage 6, in: Olivier Boulnois (Hg.), *La puissance et son ombre. De Pierre Lombard à Luther*, Paris 1994, S. 121–123, hier S. 122.

[38] Wilhelm von Auxerre, ebd. (Übers. des Autors aus dem Französischen).

[39] Auch Bonaventura erwähnt die Meinung des Gilbert von Poitiers, lehnt sie aber ab. Vgl. seinen *Sentenzenkommentar*, I, dist. 42, qu. 3, in: Boulnois (wie FN 37), S. 178–184.

Dabei fehlt es nicht an sorgfältiger Argumentation, doch das Beweisziel hat sich, so scheint es, geändert. Dem Menschen den festen Boden der Vergangenheit unter den Füßen wegzuziehen, wäre offenbar der Wissenschaft nicht zuträglich. So insistiert Bonaventura mit einem markanten Beispiel:[40] »Selbst wenn Cäsar ganz und gar im Nichts verschwände, so bliebe es doch wahr, dass Cäsar existiert hat.«

Mitte des 14. Jahrhunderts ist die Frage, ob Gott Vergangenes ungeschehen machen könne, noch lebendig – allerdings hat sich nach Johannes Duns Scotus und Wilhelm von Ockham die Kunst der Argumentation dermaßen verfeinert, dass es oft schwierig ist, die vom Autor vertretene Meinung herauszufinden. Thomas Bradwardine (gest. 1349) und Gregor von Rimini (gest. 1358) gehören zu denjenigen, die sich für Gottes Macht über die Vergangenheit aussprechen. Es setzt sich der Gedanke der radikalen Kontingenz der Vergangenheit durch, in deren Licht auch die oft zitierten Aussagen der *Nikomachischen Ethik* bzw. von Augustinus (s. o., FN 29) relativiert werden.[41]

Wenn Damianis Gedanke in der Scholastik auch eine Randerscheinung bleibt, so bricht er sich doch in der neuplatonischen Revolution des 15. Jahrhunderts wieder Bahn, allerdings ohne dass ein direkter Bezug zu ihm erkennbar wird. Nicolaus Cusanus verkündet mit dem »Zusammenfall der Gegensätze«, dass das Verlassen des Widerspruchsprinzips der Königsweg zur Gotteserkenntnis ist:[42]

---

[40] Bonaventura, ebd., S. 182.

[41] Zu dem für Thomas so wichtigen Argument des Aristoteles heißt es ganz locker: »Darauf ließe sich antworten, indem man sagt, man braucht sich keine Sorgen um Agathon oder um den Philosophen zu machen, denn es steht fest, dass dieses Vermögen bei weitem nicht das einzige ist, das er Gott abspricht: er verweigert ihm viele andere, deren Existenz wir doch gewiss und wahr im Glauben behaupten, wie diejenigen, zu schaffen, zu vernichten, von den Toten aufzuerwecken, zu machen, dass mehrere Körper am selben Ort seien, und unzählige andere. Es scheint also, dass er sich in diesem Punkt getäuscht hat […]« Gregor von Rimini, *Sentenzenkommentar*, I, dist. 42–44, qu. 1, art. 2, in: Boulnois (wie FN 37), S. 378. – Das ebenfalls von Thomas zitierte Augustinus-Argument rollt Gregor in größerem Zusammenhang auf und kommt zu dem Schluss, dass aus ihm eigentlich das Gegenteil zu folgern wäre, nämlich die Nicht-Notwendigkeit weder der zukünftigen noch der vergangenen Ereignisse (ebd., S. 376–378).

[42] Nikolaus von Kues, *De docta ignorantia*, Buch I, Kap. 4, Nr. 12; hg. von Paul Wilpert, 3. Aufl. Hamburg 1979, S. 19.

> »Weil nun also das absolut Größte in absoluter Aktualität alles ist, was sein kann, und zwar derart frei von irgendeiner Art des Gegensatzes, daß im Größten das Kleinste koinzidiert, darum ist das absolut Größte gleicherweise erhaben über alle bejahende und verneinende Aussage. All das, was als sein Sein begriffen wird, ist es ebenso sehr wie es dieses nicht ist, und all das, was als Nichtsein an ihm begriffen wird, ist es ebenso sehr nicht, wie es dieses ist. [...] Doch dieser Sachverhalt übersteigt all unser Denken, das auf dem Wege des Verstandes das Widersprechende nicht in seinem Ursprung zu verbinden vermag.«

Cusanus schöpft aus Dionysius Areopagita, dem auch Damiani nahesteht (auch wenn sich nicht zweifelsfrei nachweisen lässt, dass er dessen Schriften gekannt hat).

Werfen wir noch einen Blick auf die Nachwirkung Damianis in der Literatur. Dante hat ihn in der *Göttlichen Komödie* unsterblich gemacht. Er lässt ihn im 21. Gesang des Paradieses auftreten – so wurden Dante-Leser aller Jahrhunderte auf ihn aufmerksam, angefangen von Petrarca über Boccaccio[43] bis in unsere Zeit.

Petrarca sieht in Damiani einen Geistesverwandten. In sein Werk *De vita solitaria* hat er, vom Oberen der Kamaldulenser darauf aufmerksam gemacht, einen Bericht über das Leben des hl. Romuald eingefügt.[44] Dazu liest er die *Vita sancti Romualdi* von Damiani. Nun möchte er mehr über unseren Autor wissen. Er bittet einen Freund, ihm die Werke Damianis zu besorgen, die Anfrage wird an Boccaccio weitergeleitet. Boccaccio unternimmt Nachforschungen und entdeckt in Ravenna eine Papierhandschrift mit der *Vita Petri Damiani* von Johannes von Lodi (s. o., FN 5), die er in eine gefälligere Form umzuarbeiten beginnt: das lateinische Manuskript bricht aber nach 13 Kapiteln ab.[45]

Petrarca schreibt voller Anerkennung über den von Rom nach Fonte Avellana zurückgekehrten Petrus Damiani:[46] »Hier lebte er dann im Verborgenen, nicht weniger ruhmvoll, als er vorher in

---

[43] Vgl. Stephan Freund (wie FN 5), S. 158–171.

[44] Petrarca, *De vita solitaria*, Buch II, Kap. 8; in: Petrarca, *Opere Latine*, Bd. 1, Torino, 2. Aufl. 1987, S. 440 ff.

[45] Giovanni Boccaccio, »Vita di San Pier Damiani«, in: *Opere latine minori*, ed. A. F. Massara, Bari 1928, S. 245–256, ital. Übers. bei Alfredo Zini (s. Lit. am Endes des Bandes).

[46] Petrarca, *De vita solitaria*, a. a. O., S. 448 ff., hier S. 450 f.

Rom gelebt hatte, ohne sich zu schämen, dass er den roten Schimmer des Kardinalshutes mit dem rauen Büßerhemd vertauscht hatte.«

Jorge Luis Borges fand über die Lektüre Dantes zur Abhandlung *Über die göttliche Allmacht*, die ihn zu der Erzählung »Der andere Tod« inspirierte. Ihr Protagonist, Don Pedro Damián, darf zweimal sterben – das eine Mal als Feigling, das zweite Mal als Held. Der zweite Tod korrigiert den ersten, bzw. verleiht diesem nachträglich die beim ersten Mal verfehlte Haltung. Borges schreibt:[47] »Im fünften Kapitel seines Traktats behauptet Damiani, im Gegensatz zu Aristoteles und Fredegar (sic) von Tours, daß Gott bewirken kann, nicht gewesen sein zu lassen, was einmal war. Ich las diese alten theologischen Erörterungen und fing an, das tragische Schicksal Don Pedro Damiáns zu begreifen.«

9. Fazit

Zu Damianis Zeiten wie heute heißt es im Apostolischen Glaubensbekenntnis: »Ich glaube an Gott, den Vater, den Allmächtigen, den Schöpfer des Himmels und der Erde«. Schon der erste Bezug auf die Allmacht Gottes bindet diese an Gottes schöpferisches Handeln – die Frage nach der Revidierbarkeit des Geschaffenen bzw. Geschehenen steht hierzu in extremem Spannungsverhältnis. Eines hat Damiani sehr klar herausgearbeitet: wie immer man Gottes Macht über die Vergangenheit bzw. seine Lösung vom Widerspruchsprinzip verstehen will, der Maßstab bleibt immer der gute Schöpfer. Einen Willkür-Gott, wie ihn manche dem Spätmittelalter zuschreiben, gibt es bei Damiani nicht. Man kann seinen Gedanken als Aporie im besten Sinn deuten: wir wissen nicht wirklich, wie die Grenzlinien von Gottes Macht zu ziehen sind. Will man bestimmte Dinge von seiner Macht ausschließen, muss man sicher sein, dass diese Dinge schlecht und mit dem gütigen Schöpfer inkompatibel sind. Ob ein Eingriff in die Vergangenheit schlecht ist, müsste im Einzelfall beurteilt werden. Was die Verletzung des Widerspruchsprinzips betrifft, so ist die Frage, ob Gott vor das Forum der menschlichen Logik gezerrt werden kann. Damiani hat in Kap. 13 hierzu den entscheidenden Hinweis

---

[47] Jorge Luis Borges, »Der andere Tod«, in: ders., *Das Aleph*, in: *Sämtliche Erzählungen*, München 1970, S. 59.

gegeben: »Ist es etwa nicht gegen die Natur, dass die Welt aus nichts entsteht – weshalb die Philosophen sagen, dass aus Nichts nichts wird?« Nach den Regeln der Logik hätte es keine Schöpfung aus dem Nichts geben dürfen. Aber welche Logik gilt vor der Schöpfung, vor dem Beginn der Zeit? Hierüber können wir nichts sagen, denn selbst der logische Grundsatz aller Grundsätze, das Widerspruchsprinzip, ist zeitlich konnotiert. Die Kritiker Damianis meinen: erst kommt die Logik (die Möglichkeit *unseres* Denkens, incl. des Widerspruchsprinzips), dann Gott, dann die Schöpfung. Aber hierin liegt ein Denkfehler. Damiani kann freilich die göttliche Logik nicht »von innen« beschreiben. Aber er kann zeigen, wo die menschliche Logik an ihre Grenzen kommt: das war sein Anliegen, und es ist immer noch aktuell.

Schließen wir mit einem Brief. Seine Lieblingsschwester Rodelinda hatte Damiani um Auskunft darüber gebeten, was vor der Schöpfung war und was nach dem Jüngsten Gericht sein wird. Er antwortet:[48]

> »Du lockst mich freilich ins Unbekannte und zwingst mich zu lehren, was ich noch nicht gelernt habe. Du fragst allerdings, was ich nicht weiß, verlangst, was ich nicht kenne. […] Dennoch ist es fruchtbar zu fragen, auch wenn die Sache nicht vollständig erklärt werden kann. […] Daher lässt sich leichter Endliches mit Endlichem vergleichen, als das, was eine Grenze hat, mit dem, was sich durch keine Grenze beschränken lässt.«

10. Zu Text und Übersetzung

Als Textgrundlage wurde die kritische Edition von Kurt Reindel in den *Monumenta Germaniae Historica* verwendet: *Die Briefe des Petrus Damiani*, Teil 3, München 1989, S. 341–384 (Brief 119, im Folgenden zitiert als Reindel). Die Kapitelüberschriften sind der französisch-lateinischen Ausgabe von André Cantin (s.o., FN 20) entnommen. In Anlehnung an Cantin wurde die Orthographie der kritischen Ausgabe behutsam standardisiert. Die Verweise auf Bibel-

[48] Brief 93 (Reindel [Hg.], *Die Briefe des Petrus Damiani*, Teil 3 [Briefe 91–150], München 1989, S. 26f.): »[…] verum me ad incognita pertrahis et quae necdum didici, docere compellis. […] Fructuosum est tamen inquiri, licet absolute nequeat res explicari. […] Ideoque facilius comparari possunt finita finitis, quam ea, quae finem habent his, quae nullo possunt fine concludi.«

zitate, Zitate von Kirchenvätern und weitere Fundstellen verdanken wir in den meisten Fällen den Vorlagen von Reindel und Cantin; sie wurden durchgehend überprüft.

Text und Übersetzung

[De divina omnipotentia]
Disputatio super quaestione qua quaeritur, si Deus omnipotens est, quomodo potest agere ut quae facta sint facta non fuerint (Epistula CXIX)

1. Prologus

Domno Desiderio Cassinensi monasterii reverentissimo rectori et universo sancto conventui, Petrus peccator monachus pacis osculum in Spiritu Sancto.

Qui solus de marini fluctus procellis eripitur, dum sagena adhuc inter rupes et scopulos, inter minaces atque intumescentes undarum cumulos periclitari considerat, inhumanus est, si laborantes in discrimine socios non deplorat. Ego itaque episcopatu dimisso me quidem velut arenis expositum gaudeo, sed te ventis adhuc atque turbinibus atteri, ac inter hiantis pelagi fluctuare voraginem non sine fraterna compassione suspiro. Errat, pater, errat, qui confidit se simul et monachum esse et curiae deservire. Quam male mercatur, qui monachorum praesumit claustra deserere, ut mundi valeat militiam baiulare. Undis erutus sanus est piscis, non ut sibi vivat, sed ut alios pascat. Vocamur, attrahimur, sed ut vivamus aliis, moriamur nobis. Amat venator cervum, sed ut faciat cibum, persequitur capreas, lepusculos insectatur, sed ut ipse bene sit, illa nihil sint. Amant et homines nos, sed non nobis; sibimet diligunt, in suas nos vertere delicias concupiscunt. Quos nimirum dum in exteriora prosequimur, quid aliud quam monacho nostro, qui latebat intrinsecus, repudium damus? Mox enim ad summa tendentis vitae status evertitur, rigor enervatur disciplinae, atque silentii censura dissolvitur, et ad

[Über die göttliche Allmacht] Erörterung der Streitfrage, wie Gott, wenn er allmächtig ist, machen kann, dass, was geschehen ist, nicht geschehen ist (Brief 119)

1. Einleitung

Herrn Desiderius, dem ehrwürdigsten Leiter des Klosters von Montecassino und dem ganzen heiligen Konvent entbietet Petrus, der Sünder und Mönch, den Friedenskuss im Heiligen Geist.

Wer als einziger den Wirbeln der Meeresflut entrissen wird, während er zusieht, wie das Schiff noch zwischen Klippen und Felsen, zwischen drohenden und schwellenden Wogenmassen zu kentern droht, ist unmenschlich, wenn er nicht die noch in der Gefahr schwebenden Gefährten beklagt. Deshalb freue ich mich zwar, nachdem ich das Bischofsamt aufgegeben habe, wie einer, der wieder festen Boden unter den Füßen hat – aber nicht ohne brüderliches Mitleid beseufze ich Dich, dem noch Winde und Wirbel zusetzen, und der mitten im gähnenden Schlund des Meeres treibt. Es täuscht, ja es täuscht sich, Vater, wer sich zutraut, gleichzeitig Mönch zu sein und der Kurie zu dienen. Was für einen schlechten Handel schließt der ab, der sich vornimmt, das Kloster zu verlassen, um sich in den Dienst der Welt zu stellen. Den Wellen entrissen wurde der gesunde Fisch, nicht um sich selbst zu leben, sondern um die anderen zu nähren. Wir werden gerufen, man lässt uns kommen, aber damit wir für die anderen leben, uns selber sterben. Der Jäger liebt den Hirsch, aber um daraus seine Speise zu bereiten; er verfolgt die Rehe, setzt den Häslein nach, aber damit es ihm gut geht, jene aber nichts sind. Die Menschen lieben uns auch, aber nicht um unseretwillen; für sich selbst lieben sie, sie wollen nur ihren Spaß mit uns haben. Wenn wir ihnen nun im Äußeren folgen, was tun wir dann anderes, als dem Mönch, der in unserem Inneren verborgen war, zu kündigen? Alsbald wird nämlich ein Stand, der zu den höchsten Höhen des Lebens strebte, entwurzelt, die Strenge der Zucht aufgeweicht, die Schweigeregel abgeschafft, und den Mündern darf entströmen,

effluendum quicquid libido suggesserit, ora laxantur. Unde processit et quod nunc occurrit memoriae.

2. Utrum Deus possit reparare virginum post ruinam

Nam dum aliquando ut meminisse potes, uterque discumberemus ad mensam, illudque beati Hieronimi sermocinantibus deveniret in medium. *Audenter*, ait, *loquor: cum omnia possit Deus, suscitare virginem non potest post ruinam. Valet quidem liberare de poena, sed non valet coronare corruptam.* Ego licet pavidus utpote qui disputare de tanti viri testimonio facile non auderem, unanimi tamen patri, tibi videlicet, dixi pure quod sensi.

Haec, inquam, fateor, nunquam potuit mihi placere sententia. Non enim a quo dicatur, sed quid dicatur attendo. Nimis scilicet inhonestum videtur, ut illi, qui omnia potest, nisi sub altioris intelligentiae sacramento tam leviter impossibilitas ascribatur.

Tu autem e contrario respondisti ratum esse, quod dictum est et satis authenticum, Deum videlicet non posse suscitare virginem post ruinam. Deinde longis atque prolixis argumentationibus multa percurrens ad hoc tandem definitionis tuae clausulam perduxisti, ut diceres Deum non ob aliud hoc non posse, nisi quia non vult.

Ad quod ego: Si nihil, inquam, potest Deus eorum, quae non vult, nihil autem nisi quod vult, facit; ergo nihil omnino potest facere eorum quae non facit. Consequens est itaque, ut libere fateamur, Deum hodie idcirco non pluere, quia non potest, idcirco languidos non erigere, quia non potest, ideo non occidit iniustos, ideo non ex eorum oppressionibus liberat sanctos. Haec et alia multa idcirco Deus non facit, quia non vult, et quia non vult, non potest. Sequitur ergo, ut quicquid Deus non facit, facere omnino non possit. Quod profecto tam videtur absurdum tamque ridiculum, ut non modo omnipotenti Deo nequeat assertio ista congruere, sed ne fragili qui-

---

[1] Hieronymus, Brief 22 (an Julia Eustochium), Kap. 5, in: Saint Jerôme, *Lettres*, Bd. 1, Paris 1949, S. 115 f.

was auch immer die Lust ihnen eingibt. So kam auch das heraus, woran ich mich jetzt erinnere.

2. Ob Gott die verlorene Jungfräulichkeit wiederherstellen kann

Denn als wir, wie Du Dich entsinnen kannst, einmal zusammen speisten, kamen wir in unserer Unterhaltung auf jenes Wort des seligen Hieronymus: »Ich will kühn reden«, sagt er: »Obwohl Gott alles kann, kann er doch die verlorene Jungfräulichkeit nicht wiederherstellen. Zwar kann er [eine solche Frau] von der Strafe befreien, doch den verlorenen Jungfernkranz wiedergeben kann er ihr nicht.«[1] Obwohl schüchtern, da ich es nicht so ohne weiteres wagen würde, über das Zeugnis eines so bedeutenden Mannes zu disputieren, habe ich doch dem gleich gesinnten Vater – Dir nämlich –, gesagt, was ich meinte.

Dieses Wort, sagte ich, ich gestehe es, hat mir nie gefallen wollen. Denn ich achte nicht darauf, von wem etwas gesagt wird, sondern was gesagt wird. Es scheint nämlich überaus unschön, demjenigen, der alles vermag, so leichtfertig eine Unmöglichkeit zuzuschreiben, es sei denn, man verfügt über das Geheimnis einer höheren Einsicht.

Du hingegen antwortetest, was gesagt wurde, sei gültig und völlig glaubwürdig, nämlich dass Gott die verlorene Jungfräulichkeit nicht wiederherstellen könne. Sodann führtest Du in langen und weitschweifigen Argumenten, wobei Du vieles durchgingst, den Schluss Deiner Definition endlich dahin, dass Du sagtest, Gott könne das einzig und allein aus dem Grund nicht, weil er es nicht will.

Darauf ich: Wenn Gott nichts von dem, sagte ich, kann, was er nicht will, aber nichts tut, außer er will es; so kann er folglich überhaupt nichts von dem tun, was er nicht tut. Dann ist es nur folgerichtig, frei heraus zu sagen, Gott lässt es heute darum nicht regnen, weil er es nicht kann – er richtet die Schwachen darum nicht auf, weil er es nicht kann – er tötet die Ungerechten deswegen nicht, deswegen befreit er die Heiligen nicht aus ihren Leiden. Das und vieles andere tut Gott darum nicht, weil er es nicht will, und weil er es nicht will, kann er es nicht. Also folgt, dass Gott, was auch immer er nicht tut, gar nicht kann. Das scheint in der Tat so ungereimt und so lächerlich, dass diese Behauptung nicht nur nicht auf den allmächtigen Gott, sondern nicht einmal für den gebrechlichen Men-

dem homini valeat convenire. Multa siquidem sunt, quae nos non facimus et tamen facere possumus.

Si quando tamen tale quid in mysticis et allegoricis contingat nos reperire in scripturis, caute potius et reverenter accipiendum est, quam iuxta litteras audacter et libere proferendum. Sicut est illud, quod Loth properanti Segor ab angelo dicitur: *Festina*, inquit, *et salvare ibi, quia non potero facere quicquam, donec ingrediaris illuc.* Et: *Paenitet me fecisse hominem.* Et quia Deus praecavens in futurum tactus sit dolore cordis intrinsecus et multa id genus. Si quid igitur tale divinis paginis reperitur insertum, non mox passim procaci ac praesumptiva vulgari debet audacia, sed sub modesta sobrii sermonis proferendum est disciplina, quia si hoc diffundatur in vulgus, ut Deus in aliquo, quod dici nefas ist, impotens asseratur, ilico plebs indocta confunditur, et christiana fides non sine magno animarum discrimine perturbatur.

3. Non posse Dei vel nescire quomodo intelligi debeat

Illo plane modo dicitur Deus non posse aliquid, quo et nescire, videlicet quicquid malum est, sicut non potest agere, ita nescit agere. Non enim potest aut scit mentiri, vel periurare, vel iniustum aliquid facere, quamquam per prophetam dicat: *Ego Dominus formans lucem, et creans tenebras, faciens pacem et creans malum.* Quod autem dicit in evangelio: *De die autem illo vel hora nemo scit, neque angeli in caelo, neque Filius, nisi Pater*, hoc proculdubio intelligendum est, quod discipulis hoc tantummodo nesciat, qui sibi nil prorsus ignorat. Cum

---

[2] Gen 19,22.

[3] Gen 6,6 f.

[4] Dieses Argument nimmt die Kritik Bernhards von Clairvaux an den logischen Subtilitäten der Theologie des Peter Abaelard vorweg.

[5] Jes 45,7.

[6] Mt 24,36; Mk 13,32.

schen zutreffen kann. Denn es gibt vieles, was wir nicht tun und dennoch tun können.

Wenn wir allerdings einmal etwas dieser Art in mystischen und allegorischen Schriftstellen finden, müssen wir es lieber mit Vorsicht und Zurückhaltung auffassen, anstatt es wortwörtlich kühn und frei auszuposaunen. Wie jenes Wort, das zu Loth, der nach Zoar eilte, vom Engel gesagt wird:[2] *Eile*, sprach er, *und bring dich dort in Sicherheit, denn ich kann nichts tun, bis du dort angekommen bist.* Und:[3] *Es reut mich, den Menschen gemacht zu haben.* Und dass Gott, vorausschauend in die Zukunft, tief im Herzen von Schmerzen ergriffen war, und vieles dieser Art. Wenn sich so etwas in den Seiten der Heiligen Schrift findet, darf man es nicht gleich mit frecher und anmaßender Verwegenheit verbreiten, sondern soll es mit der besonnenen Disziplin einer nüchternen Rede vorbringen. Denn wenn das dem Volk zu Ohren kommt, dass von Gott in irgendeiner Hinsicht behauptet wird – was zu sagen Frevel ist –, er sei ohnmächtig, so wird das ungelehrte Volk sofort in Verwirrung gestürzt, und der christliche Glaube nicht ohne große Gefahr für die Seelen aus der Fassung gebracht.[4]

3. Wie man das Nicht-Können bzw. Nicht-Wissen Gottes aufzufassen hat

Allerdings sagt man, Gott könne etwas nicht, wie man auch sagt, er wisse etwas nicht: Alles nämlich was schlecht ist, weiß er nicht zu tun, wie er es ja auch nicht tun kann. Er vermag ja auch nicht – bzw. weiß nicht – zu lügen oder einen Meineid zu schwören oder irgendetwas Ungerechtes zu tun, auch wenn er durch den Propheten sagt:[5] *Ich der Herr schaffe das Licht und mache das Dunkel, ich bewirke das Heil und erschaffe das Unheil.* Was er aber im Evangelium sagt:[6] *Doch jenen Tag und jene Stunde kennt niemand, auch nicht die Engel im Himmel, nicht einmal der Sohn, sondern nur der Vater,* das ist ohne Zweifel so aufzufassen, dass er es lediglich für die Jünger nicht weiß, der für sich ja durchaus nichts nicht weiß.[7] Da nämlich Jesus, das

[7] Damiani unterscheidet hier das Wissen Jesu nach seiner menschlichen Natur vom Wissen Jesu, insofern er Gott ist. Dieses doppelte Wissen wurde bereits beim VI. Allgemeinen Konzil in Konstantinopel (680/681) festgehalten. Thomas von Aquin rekurriert darauf in der Frage »De scientia Christi« in *Summa theol.*, III, qu. 9, art. 1 (Deutsche Thomas-Ausgabe, Bd. 25, S. 243).

enim Iesus, verbum videlicet Patris, tempora cuncta condiderit, omnia siquidem per ipsum facta sunt, qua consequentia, qui totum novit, diem iudicii, partem videlicet temporis, ignorabit? Sed super eodem salvatore scribit apostolus: *In quo sunt omnes thesauri sapientiae et scientiae absconditi.* Cur autem absconditi, nisi quia non palam omnibus manifesti? Nam de eodem iudicii die post resurrectionem rursus a discipulis inquisitus ait: *Non est vestrum nosse tempora vel momenta, quae Pater posuit in sua potestate.* Ac si dicat: Non vos hoc expedit nosse, quatinus dubietatis ista suspensio in operibus pietatis vos magis ac magis semper exerceat, et ab omni, si qua possit obrepere, vanitate compescat.

Scit ergo sibi, quod nescit apostolis. Quod in hoc proculdubio probat, cum Patrem, cum quo videlicet unum est, hoc nosse denuntiat: *Ego enim*, ait, *et Pater unum sumus.*

Sic enim iuxta verba sonum asserit se quasi nescire, quod Pater, sicut aliquando significatur quodammodo non habere, quod Pater. Unde est et quod dicit apostolus: *Cum tradiderit regnum Deo et Patri*, tamquam regnum, donec ipse tenuerat, Pater non habebat, et cum Patri tradiderit, ipse non teneat. Cum tradere regnum Deo Patri nihil aliud sit iuxta sobrium intellectum, nisi perducere credentes ad contemplandam speciem Dei Patris. Tunc quippe Deo Patri regnum a Filio traditur, cum per mediatorem Dei et hominum in contemplationem divinitatis aeternae fidelium multitudo transfertur, id est, ut iam necessaria non sit dispensatio similitudinum per angelos et principatus et potestates et virtutes, ex quarum persona non inconvenienter intelligitur dici in Cantico Canticorum ad sponsam: *Similitudines auri faciemus tibi cum distinctionibus argenti, quoad usque*

[8] Kol 2,3.

[9] Apg 1,7.

[10] Joh 10,30.

[11] 1 Kor 15, 24.

[12] Hld 1, 11 f.

[13] Reindel (S. 345, FN 12) weist darauf hin, dass Damiani das Hohelied in der *Versio antiqua* zitiert, die sich auch bei Augustinus, *De Trinitate*, I, 8, Nr. 16, findet. Dort heißt es: »Similitudines auri faciemus tibi cum distinctionibus argenti quoadusque rex in recubitu suo est« (Augustinus, *De Trinitate*, Corpus Christianorum Series Latina, Turnhout 1968, S. 50). In der *Nova Vulgata* steht: »Inaures aureas faciemus tibi vermiculatas argento«. Der deutschen Augustinus-Übersetzung merkt man hier eine gewisse Verlegenheit an: »Wir werden dir gleichnishafte Gehänge (für similitudines, P. N.) aus Gold machen,

Wort des Vaters, alle Zeiten gegründet hat, denn alles ist durch ihn gemacht, wie könnte daraus folgen, dass der, der das Ganze kennt, den Tag des Gerichts, also einen Teil der Zeit, nicht kennen sollte? Aber über denselben Retter schreibt der Apostel:[8] *In ihm sind alle Schätze der Weisheit und der Erkenntnis verborgen.* Warum aber verborgen, wenn nicht deswegen, weil sie nicht vor aller Augen offenbar sind? Denn von demselben Tag des Gerichts sagt er, nachdem er nach seiner Auferstehung noch einmal von den Jüngern gefragt wird:[9] *Nicht eure Sache ist es, Zeiten und Fristen zu wissen, die der Vater in seiner Macht festgesetzt hat.* Als wollte er sagen: Es nützt euch nichts, das zu wissen, weil dieses Im-Zweifel-Schweben euch immer mehr in den Werken der Barmherzigkeit übt, und euch von jeder Eitelkeit, die sich irgendwie einschleichen könnte, fernhält.

Er weiß also für sich, was er für die Apostel nicht weiß. Was er zweifellos damit beweist, dass er erklärt, der Vater, mit dem er ja eins ist, wisse es:[10] *Denn ich,* sagt er, *und der Vater sind eins.*

So behauptet er also, dem Wortlaut nach, er wisse gleichsam nicht, was der Vater [weiß], wie auch einmal angedeutet wird, er habe in gewisser Weise nicht, was der Vater hat. Daher kommt auch, dass der Apostel Paulus sagt:[11] *Wenn er seine Herrschaft Gott, dem Vater, übergibt,* so als ob, solange er die Herrschaft selbst innehatte, der Vater sie nicht gehabt hätte, und er, sobald er sie dem Vater übergeben hätte, sie selbst nicht mehr innehätte. Während »Gott, dem Vater, die Herrschaft übergeben«, nüchtern betrachtet nichts anderes heißt, als die Gläubigen zur Schau von Gottes, des Vaters, Angesicht zu führen. Dann nämlich wird Gott, dem Vater, die Herrschaft vom Sohn übergeben, wenn durch den Mittler Gottes und der Menschen die Menge der Gläubigen zur Schau der ewigen Gottheit gebracht wird, das heißt, dass nicht mehr der Einsatz von Ähnlichkeiten durch Engel, Fürstentümer, Gewalten und Mächte nötig ist, von deren Rolle nicht unpassend im Hohenlied zur Braut gesagt wird:[12] *Machen wir dir noch goldene Kettchen,*[13] *kleine Silberkugeln daran.*

---

mit silbernen Zieraten«. *Des heiligen Kirchenvaters Augustinus fünfzehn Bücher über die Dreieinigkeit,* übers. von Michael Schmaus, München 1935, S. 24. Auch die ganze Reihe weiterer Bibelzitate unseres Textes (s. u., FN 14–21) findet sich dort (*De Trinitate,* I, 8, Nr. 16 und 17). Der ganze Absatz, der mit dem Paulus-Zitat aus dem 1. Korintherbrief beginnt und mit dem Zitat aus dem 1. Timotheus-Brief endet, ist fast Wort für Wort aus *De Trinitate,* I, 8, Nr. 16 und 17 übernommen.

rex in recubitu suo est, id est, quoad usque Christus in secreto suo est, quando *vita nostra abscondita est cum Christo in Deo: Cum Christus*, inquit, *apparuerit, vita vestra, tunc et vos apparebitis cum illo in gloria*. Quod antequam fiat, *videmus nunc per speculum in aenigmate*, hoc est in similitudinibus, *tunc autem facie ad faciem*. Haec enim nobis contemplatio promittitur actionum omnium finis atque aeterna perfectio gaudiorum. *Filii enim sumus, et nondum apparuit, quid erimus. Scimus quia cum apparuerit, similes ei erimus, quoniam videbimus eum sicuti est*. Quod enim dixit famulo suo Moysi: *Ego sum, qui sum*. Et: *Dices itaque filiis Israel: Qui est, misit me ad vos;* hoc contemplabimur, cum videbimus eum in aeternum. Ita quippe ait: *Haec est autem vita aeterna, ut cognoscant te unum verum Deum et quem misisti Iesum Christum*. Hoc fiet, cum venerit Dominus et illuminaverit abscondita tenebrarum, cum tenebrae mortalitatis huius corruptionisque transierint. Tunc erit mane nostrum, de quo in psalmo dicitur: *Mane adstabo tibi et videbo*. De hac contemplatione intellegitur dictum, *cum tradiderit regnum Deo et Patri*, id est cum perduxerit iustos, in quibus nunc ex fide viventibus regnat *mediator Dei et hominum homo Christus Iesus* ad contemplationem Dei Patris.

Multa denique talia reperiuntur in sententiis scripturarum, quae si iuxta litterarum superficiem contenti simus accipere, non nobis poterunt lumen infundere, sed tenebrarum potius caliginem parturire. Hoc ergo quod dicitur Deus non posse malum aliquid vel nescire, non referendum est ad ignorantiam vel impossibilitatem, sed ad voluntatis perpetuae rectitudinem. Quia enim malum non vult, recte dicitur, quia neque scit neque potest aliquod malum. Caeterum quicquid vult, indubitanter potest testante scriptura: *Tu autem, dominator virtutis, cum tranquillitate iudicas et cum magna reverentia disponis nos. Subest enim tibi, cum volueris, posse*.

---

[14] Kol 3,3 f.
[15] 1 Kor 13,12.
[16] 1 Joh 3,2.
[17] Ex 3,14.
[18] Ex 3,14.
[19] Joh 17,3.
[20] Ps 5,4.
[21] 1 Tim 2,5.
[22] Weish 12, 18.

Solange der König an der Tafel liegt, das heißt, solange Christus in seinem Geheimnis ist, wenn *unser Leben mit Christus verborgen ist in Gott: Wenn Christus,* sagt er, *offenbar wird, euer Leben, dann werdet auch ihr mit ihm offenbar werden in Herrlichkeit.*[14] Bevor das geschieht, *schauen wir jetzt in einen Spiegel und sehen nur rätselhafte Umrisse,* das heißt Ähnlichkeiten, *dann aber von Angesicht zu Angesicht.*[15] Denn diese Schau wird uns versprochen als das Ziel allen Tuns und als die ewige Vollendung aller Freuden. *Denn wir sind Kinder, und noch ist nicht offenbar geworden, was wir sein werden. Wir wissen, dass wir ihm ähnlich sein werden, wenn er offenbar wird; denn wir werden ihn sehen, wie er ist.*[16] Was er nämlich zu seinem Diener Moses sagte:[17] *Ich bin, der ich bin.* Und:[18] *So sollst du zu den Israeliten sprechen: Der ist, hat mich zu euch gesandt;* das werden wir schauen, wenn wir ihn in Ewigkeit sehen werden. Deshalb sagt er nämlich:[19] *Das aber ist das ewige Leben, dass sie dich erkennen, den einzigen wahren Gott, und den du gesandt hast, Jesus Christus.* Das wird geschehen, wenn der Herr kommt und erleuchtet, was in der Finsternis verborgen ist, wenn die Finsternis dieser Sterblichkeit und Verderbtheit vorüber ist. Das wird unser Morgen sein, von dem es im Psalm heißt:[20] *am Morgen werde ich vor dir stehen und Ausschau halten.* Auf diese Schau bezieht sich das Wort, *wenn er seine Herrschaft Gott, dem Vater übergibt,* das heißt, wenn er die Gerechten – in denen, die jetzt aus dem Glauben leben, der *Mittler zwischen Gott und den Menschen, der Mensch Christus Jesus,*[21] herrscht – zur Schau Gottes des Vaters geführt hat.

Kurz, vieles dieser Art findet sich in den Aussprüchen der [Hl.] Schriften, was, wenn wir uns damit begnügen, es nach der Oberfläche des Wortlauts aufzufassen, uns kein Licht verschaffen, sondern eher tiefstes Dunkel hervorbringen dürfte. Was also gesagt wird: Gott könne nichts Böses oder wisse es nicht, bezieht sich nicht auf Unwissen oder Unmöglichkeit, sondern auf die Rechtheit seines immerwährenden Willens. Dass er nämlich das Böse nicht will, wird zurecht gesagt, da er weder etwas Böses weiß noch kann. Was auch immer er sonst noch will, kann er ohne Zweifel, wie die Schrift bezeugt:[22] *Du aber, dem Stärke zu Gebote steht, richtest in Milde und behandelst uns mit großer Nachsicht. Denn das Können steht bei dir, wann immer du willst.*

4. Quod voluntas Dei omnibus rebus causa est ut existant

Voluntas quippe Dei omnium rerum, sive visibilium, sive invisibilium causa est, ut existant, adeo ut condita quaeque, antequam ad formarum suarum visibiles procederent species, iam veraciter atque essentialiter viverent in sui opificis voluntate. *Quod factum est,* ait Iohannes, *in ipso vita erat.* Et idem in Apocalipsi viginti quattuor seniores dixisse testatur: *Dignus es, Domine, Deus noster, accipere gloriam et honorem et virtutem, quia tu creasti omnia, et propter voluntatem tuam erant et creata sunt.* Prius dicitur, quia erant, et postmodum fuisse creata. Quia quae foris expressa sunt per conditionem operis, iam intus erant in providentia et consilio conditoris. Porro autem sicut voluntas Dei causa est, ut quae necdum sunt condita, originaliter fiant, ita nihilominus efficax causa est, ut quae sunt perdita, ad status sui ordinem[a] redeant. *Numquid enim voluntatis meae est mors impii, dicit Dominus? Sed volo ut convertatur et vivat.*

Ut ergo ad id quod praelibatum est, sermo recurrat, quid praeiudicat Deo suscitare posse virginem post ruinam? Numquid idcirco non potest, quia non vult, et idcirco non vult, quia malum est, sicut dictum est, mentiri et periurare et iniustum quid facere, Deum nec velle nec posse? Sed absit, ut malum sit de violata virginem fieri, immo sicut malum est virginem violari, ita violatam redire in virginem proculdubio bonum esset, si divinae dispositionis ordo concederet.[b] Verbi gratia, hominem post lapsum mortis subire vindictam, licet iusto Dei iudicio, malum fuit. Mortem enim Deus non fecit, cum ipse potius sit mors mortis, sicut per Osee prophetam dicit: *Ero mors tua, o mors.* Iam vero saltim post redemptionis nostrae mysterium hominem immortalem fieri certe bonum esset, si sententiam semel prolatam clementia divina dissolveret. Neque enim hoc

---

[a] Andere Lesart: originem (Reindel, S. 347, Z. 30). [b] Mit Cantin (S. 398, Z. 29) lassen wir hier einen neuen Satz beginnen (anders Reindel, S. 347, Z. 25). Auch das Komma nach »iudicio« in der folgenden Zeile übernehmen wir von Cantin.

---

[23] Joh 1, 3 f.

[24] Offb 4, 11.

[25] Ez 18, 23.

[26] Vgl. Weish 1,13.

4. Dass der Wille Gottes für alle Dinge der Grund ihres Existierens ist

Der Wille Gottes ist nämlich für alle Dinge, die sichtbaren wie die unsichtbaren, der Grund ihres Existierens – so sehr, dass alles Geschaffene, bevor es zum sichtbaren Äußeren seiner Formen kam, schon wahrhaft und wesentlich im Willen seines Schöpfers lebte. *Was geschaffen wurde,* sagt Johannes,[23] *war in ihm Leben.* Und in der Apokalypse wird bezeugt, dass die vierundzwanzig Ältesten dasselbe sagten:[24] *Würdig bist du, Herr, unser Gott, Lob, Ehre und Macht zu empfangen; denn du hast alles geschaffen, und durch deinen Willen war es und wurde es geschaffen.* Zuerst heißt es, dass es war, und hernach, dass es geschaffen wurde. Denn was nach außen zum Ausdruck kam durch die Schöpfung des Werkes, das war inwendig schon da in der Vorsehung und im Rat des Schöpfers. Ferner: Wie der Wille Gottes der Grund ist, dass das, was noch nicht geschaffen ist, ursprünglich ins Sein tritt, so ist er nichtsdestoweniger die Wirkursache dafür, dass das, was verloren ging, wieder in seinen ordentlichen Zustand zurückkehrt. *Will ich denn den Tod des Gottlosen?, spricht der Herr. Vielmehr will ich, dass er sich bekehrt und lebt.*[25]

Dass aber die Rede wieder auf das zurückkommt, was oben gesagt wurde: Warum soll Gott die verlorene Jungfräulichkeit nicht wiederherstellen können? Kann er es etwa deswegen nicht, weil er nicht will, und will es deswegen nicht, weil es schlecht ist – wie gesagt wurde, lügen, einen Meineid schwören und etwas Ungerechtes tun, das wolle und könne Gott nicht? Aber fern sei es, dass es schlecht sein soll, wenn aus einer Vergewaltigten eine Jungfrau wird – vielmehr, wie es schlecht ist, dass eine Jungfrau vergewaltigt wird, so wäre es zweifellos gut, wenn die Vergewaltigte wieder zur Jungfrau werden könnte, wenn die Ordnung der göttlichen Fügung es zuließe. Zum Beispiel war es ein Übel, dass über den Menschen nach seinem Fall die Strafe des Todes verhängt wurde, auch wenn es nach dem gerechten Urteil Gottes geschah. Denn nicht Gott hat den Tod gemacht,[26] er ist ja vielmehr der Tod des Todes, wie er durch den Propheten Hosea spricht:[27] *Ich werde dein Tod sein, oh Tod.* Aber schon mindestens nach dem Geheimnis unserer Erlösung wäre es gewiss gut, dass der Mensch unsterblich würde, wenn die göttliche Milde das einmal ge-

[27] Vgl. Hos 13,14. – Wortlaut abweichend von der *Nova Vulgata.*

omnipotens Deus idcirco vel nolle vel non posse dicendus est, quia malum est hominem videlicet fieri immortalem, sed iusto suo iudicio nostraeque salutis augmento, quod ipse novit, tantum de vindicta redempti hominis voluit superesse.

Hoc itaque modo malum est post stuprum virginem esse corruptam, bonum autem esset, si virginitatis in ea Deus signaculum reformaret. Sed licet hoc Deus nullatenus faciat, sive ut virginem terreat, quatinus vereatur amittere, quod postmodum nequeat reparare, sive dictante aequitate iustitiae, ut quod tamquam vile quid per carnis blandimenta proiecit, id instaurare etiam per poenitentiae lamenta non possit, sive certe ut dum in se ruinae suae signa superesse considerat, acrioribus afflictionibus suae remediis indesinenter insistat,[a] sive igitur his sive aliis supernae providentiae causis ad integritatem pristinam violata virgo non redeat, nequaquam tamen omnipotens Deus dicendus est hoc non posse, sed potius nolle, ut servetur arbitrium aequissimae voluntati, non adscribatur omnipotenti, quod absit, impotentia maiestati.

Quod enim malum est, non potest facere Deus, quia nec potest etiam velle; quod tamen nequaquam referendum est ad impossibilitatem, sed ad naturalem potius singularis clementiae bonitatem.

Quod vero bonum est, et velle potest et facere, tametsi quodam cautelae suae vel provisionis intuitu quaedam bona aut raro faciat, aut numquam faciat. Alioquin poterat dici ante salvatoris adventum, quia Deus creare non posset ex utero virginis Filium. Nimirum quod numquam fecerat, sed ne quidem nisi semel facturus erat. Tamenetsi numquam faceret, et velle et facere poterat, quia bonum erat. Virginem itaque suscitare post ruinam, quomodo non possit Deus, cum proculdubio et ille omnipotens sit, et hoc bonum sit?

---

[a] Wir folgen hier der Interpunktion von Cantin (S. 400, Z. 50). Reindel beginnt mit dem nächsten »sive« einen neuen Satz. Richtiger ist aber eine durchgehende Periode: Sed licet hoc Deus […] nequaquam omnipotens Deus dicendus est hoc non posse.

---

[28] Hier sieht man, dass sich Damianis Verteidigung der Allmacht Gottes auch sprachphilosophisch lesen lässt: es geht nicht darum, festzustellen, was Gott kann oder nicht kann – das ist dem Menschen auf Grund seiner begrenzten Erkenntnis nicht möglich –, sondern, vorsichtiger, darum: welche Rede über Gottes Können bzw. Nichtkönnen ist angemessen?

fällte Urteil aufhöbe. Und man darf nicht sagen, der allmächtige Gott wolle oder könne das deswegen nicht, weil es schlecht wäre, dass der Mensch unsterblich wird, sondern nach seinem gerechten Urteil und zur Mehrung unseres Heils, die nur er kennt, wollte er, dass so viel von der Strafe auch für den erlösten Menschen übrig bliebe.

Auf diese Weise also ist es schlecht, dass eine Jungfrau nach der Vergewaltigung entehrt ist –, gut aber wäre es, wenn Gott in ihr das Siegel der Jungfräulichkeit wieder herstellte. Aber selbst wenn Gott das keinesfalls tut – (1) sei es, um die Jungfrau einzuschüchtern, damit sie sich fürchtet, zu verlieren, was sie nachher nicht wiedergutmachen kann, (2) sei es, dass sie nach allem, was billig und recht ist, das, was sie als wertlos um der Verlockungen des Fleisches willen weggeworfen hat, auch durch Reuetränen nicht wiederherstellen kann, (3) sei es wenigstens, dass sie, wenn sie an sich beobachtet, dass die Zeichen ihres Verlusts fortbestehen, sich um so heftiger gegen ihre Bedrängnis wehrt, (4) sei es nun aus diesen, sei es aus anderen Gründen der göttlichen Vorsehung, dass eine vergewaltigte Jungfrau nicht zu ihrer vorherigen Unversehrtheit zurückkehrt –, keineswegs jedoch darf man sagen,[28] dass Gott das nicht könne, sondern eher, dass er es nicht wolle, damit dem allergerechtesten Willen die Freiheit gewahrt bleibt und nicht, was fern sei, der allmächtigen Majestät Ohnmacht zugeschrieben werde.

Denn was schlecht ist, kann Gott nicht tun, weil er es auch nicht einmal wollen kann; das jedoch ist keineswegs auf eine Unmöglichkeit zurückzuführen, sondern vielmehr auf die natürliche Güte seiner einzigartigen Sanftmut.

Was aber gut ist, das kann er sowohl wollen als auch tun, auch wenn er mit Rücksicht auf seine Weisheit bzw. seine Fürsorge gewisse gute Dinge selten oder nie macht. Sonst hätte man vor der Ankunft des Erlösers sagen können, dass Gott seinen Sohn nicht aus dem Schoß einer Jungfrau schaffen kann. Sicher hatte er das niemals getan, aber er sollte es freilich auch nur einmal tun. Und wenn er es auch nie täte: er konnte es wollen und tun, weil es gut war. Verlorene Jungfräulichkeit wiederherstellen – wie sollte Gott das nicht können, da er doch ohne Zweifel allmächtig ist, und das gut ist?

5. Quod absque dubio Deus post lapsum reparare virginem possit

Virginem sane suscitari post lapsum duobus intelligitur modis, aut scilicet iuxta meritorum plenitudinem, aut iuxta carnis integritatem. Videamus itaque an utrumque valeat Deus.

1. Iuxta meritum namque plebem fidelium virginem appellat apostolus, cum Corinthiis dicit: *Dispondi enim vos uni viro, virginem castam exhibere Christo.* Neque enim in illo Dei populo solummodo virgines erant, sed et multae coniugiis obligatae vel post virginitatis dispendium continentes. Et Dominus per prophetam: *Si vir,* inquit, *dimiserit uxorem suam, et illa recedens duxerit virum alterum, numquid revertetur ad eam ultra? Numquid non contaminata et polluta vocabitur mulier illa? Tu autem fornicata es cum amatoribus multis, tamen revertere ad me, dicit Dominus.* Reversio plane ista ad Dominum, quantum ad qualitatem pertinet meritorum, hoc est de corrupta integram fieri, de prostituta virginem reparari. Cui rursus idem sponsus eloquitur: *Et omnium peccatorum tuorum iam memor non ero.* Carnali siquidem sponsae complexus viri, corruptio carnis, foedus amoris, dispendium castitatis, virginem se plerumque thalamis nuptialibus tradit, sed violata recedit. E contra cui caelestis sponsus adhaeserit, protinus omnes abluit maculas turpitudinis, et ad florem revocat redolentissimae castitatis. De prostibulo virginem, de corruptione reddit integritatem.

Unde est, quod plerosque novimus utriusque sexus homines post abominabiles voluptatis illecebras ad tantam religiosae vitae pervenisse munditiam, ut non modo castos atque pudicos quoslibet in sanctitate praecederent, sed et non contemnenda multarum[a] virginum merita superarent. Quibus non iam sola prioris meriti mensura

---

[a] Reindel (S. 349, Z. 23) und Cantin (S. 404, Z. 32) schreiben »multorum«. Die wohl grammatisch richtige Lesart »multarum virginum« steht dagegen in PL 145, Sp. 601 A sowie bei Brezzi-Nardi, S. 68, v.u. Z. 5. – Vgl. auch den Hinweis zu Z. 32 auf S. 404 im Anmerkungsteil von Cantin.

---

[29] 2 Kor 11,2.

[30] Jer 3,1. – Hier benutzt Damiani wieder die ältere Übersetzung des AT: statt »terra illa« *(Nova Vulgata)* heißt es hier »mulier illa«, statt »et reverteris ad me?« *(Nova Vulgata)* steht in der *Versio antiqua* »tamen revertere ad me«.

5. Dass Gott ohne Zweifel eine Jungfrau nach ihrem Fall wiederherstellen kann

Dass eine Jungfrau nach ihrem Fall wiederhergestellt wird, lässt sich allerdings auf zwei Weisen verstehen: nämlich entweder nach der Fülle ihrer Verdienste, oder nach der Unversehrtheit des Fleisches. Sehen wir also zu, ob Gott beides vermag.

1. Nach dem Verdienst nennt der Apostel Paulus das Volk der Gläubigen eine Jungfrau, wenn er den Korinthern sagt:[29] *Denn ich habe euch einem einzigen Mann verlobt, um euch als reine Jungfrau zu Christus zu führen.* Denn in jenem Volk Gottes waren ja nicht nur Jungfrauen, sondern auch viele, die in der ehelichen Pflicht standen oder die nach dem Verlust der Jungfräulichkeit enthaltsam lebten. Und der Herr sagt durch den Propheten:[30] *Wenn ein Mann seine Frau entlässt und wenn sie von ihm weggeht und die Frau eines andern wird, wendet er sich dann ihr wieder zu? Würde man diese Frau nicht befleckt und entehrt nennen? Du aber hast mit vielen Freunden gebuhlt – kehr trotzdem zu mir zurück, spricht der Herr.* Diese Rückkehr zum Herrn bedeutet offenbar, was den Wert der Verdienste angeht, dass aus einer Entehrten eine Unversehrte, aus einer Dirne wieder eine Jungfrau wird. Zu ihr spricht ebendieser Gemahl:[31] *Und all deiner*[32] *Sünden gedenke ich nicht mehr.* Der irdischen Gemahlin freilich ist die Umarmung des Mannes Verderben des Fleisches, der Bund der Liebe der Verlust der Keuschheit; meistens gibt sie sich dem Brautbett als Jungfrau hin, aber als Entjungferte geht sie weg. Mit wem sich hingegen der himmlische Gemahl zusammentut, den reinigt er sogleich von allen Schandflecken und bringt ihn wieder zur Blüte der wohlriechendsten Keuschheit. Aus dem Bordell holt er die Jungfrau, aus der Verderbtheit die Unversehrtheit zurück.

So kommt es auch, dass wir sehr viele Menschen beiderlei Geschlechts kennen, die nach abscheulichen Verführungen der Lust zu so großer Reinheit des Ordenslebens gelangt sind, dass sie nicht nur allen Reinen und Keuschen in der Heiligkeit voraus sind, sondern auch die nicht zu verachtenden Verdienste vieler Jungfrauen übertreffen. Ihnen wird nicht nur das Maß des vorigen Verdiensts ver-

---

[31] Jer 31,34.

[32] Reindel (S. 349, FN 20) weist darauf hin, dass »tuorum« weder in der *Nova Vulgata* noch in der *Versio antiqua* steht, dort heißt es »eorum«.

rependitur, sed proculdubio cum remissione reatus etiam cumulus superadditae mercedis augetur. Ecce probatum est, ut opinor, iuxta meritum posse Deum suscitare virginem post ruinam.

2. Iuxta carnem vero quis etiam vesanae mentis addubitet eum videlicet, qui *erigit elisos, solvit compeditos*, qui postremo curat *omnem languorem et omnem infirmitatem*, clausulam non posse reparare virgineam? Enimque qui corpus ipsum de tenuissimo seminis liquore compegit, qui in humanae formae speciem per varia membrorum liniamenta distinxit, ad summam qui necdum existentem condidit creaturam, existentem iam recuperare non poterit vitiatam?

Fateor plane, fateor, nullumque timens cavillatoriae contentionis obloquium constanter affirmo, quia valet omnipotens Deus multinubam quamlibet virginem reddere incorruptionisque signaculum in ipsa eius carne, sicut ex materno egressa est utero, reparare. Haec enim dixi, non ut beato Hieronimo, qui pio studio locutus est, detraham, sed ut eos, qui ex verborum illius occasione Deum astruunt impotentem, invicta fidei ratione refellam.

6. Quomodo possit fieri ut quod factum est factum non sit

Ad illud postremo quod in hac disputandi materia plures obiciunt, sub sanctitatis tuae iudicio video respondendum. Aiunt enim: Si Deus, ut asseris, in omnibus est omnipotens, numquid potest hoc agere, ut quae facta sunt, facta non fuerint? Potest certe facta quaeque destruere, ut iam non sint, sed videri non potest, quo pacto possit efficere, ut quae facta sunt, facta non fuerint. Potest quippe fieri, ut amodo et deinceps Roma non sit: potest enim destrui; sed ut antiquitus non fuerit condita, quomodo possit fieri, nulla capit opinio.

---

[33] Psalm 145 (neue Zählung: 146), 8 (Wortlaut nach der *Versio antiqua*); vgl. Psalm 144 (neue Zählung: 145), 14 (Wortlaut nach der *Versio antiqua*).

[34] Psalm 145 (146), 7.

[35] Mt 4,23.

golten, sondern ohne Zweifel mit der Vergebung ihrer Schuld auch das Übermaß zusätzlichen Lohns vermehrt. So ist also bewiesen, wie ich meine, dass Gott den Verlust der Jungfräulichkeit wiederherstellen kann.

2. Nach dem Fleisch aber: Wer würde bezweifeln – und hätte er den Verstand verloren –, dass der, der *die Niedergeworfenen aufrichtet,*[33] *die Gefangenen befreit,*[34] der schließlich *jede Krankheit und jedes Gebrechen*[35] heilt, das Jungfernhäutchen wiederherstellen kann? Und der sogar den Körper aus ein bisschen Samenflüssigkeit zusammenfügte, der, um der menschlichen Gestalt Schönheit zu verleihen, durch die verschiedenen Umrisse der Körperteile Abwechslung hervorbrachte, kurz: der die noch nicht existierende Kreatur erschuf, der sollte die bereits bestehende, nachdem sie beschädigt wurde, nicht wiederherstellen können?

Ich gestehe es ganz offen, ich gestehe und behaupte standhaft, ohne irgendeinen Widerspruch stichelnder Streitlust zu fürchten, dass der allmächtige Gott imstande ist, jede beliebige mehrfach verheiratete Frau wieder zur Jungfrau zu machen und das Siegel der Unversehrtheit sogar in ihrem Fleisch, wie sie aus dem Mutterschoß hervorgegangen ist, wiederherzustellen. Das habe ich aber nicht gesagt, um den seligen Hieronymus schlecht zu machen, der in frommem Eifer gesprochen hat, sondern um diejenigen, die aus Anlass seiner Worte Gott als ohnmächtig hinstellen, mit einem unbesiegbaren Beweis aus dem Glauben zu widerlegen.

6. Wie es sein kann, dass das, was geschehen ist, ungeschehen gemacht wird

Auf das schließlich, was viele bei diesem Diskussionsstoff einwerfen, will ich unter dem Urteil Deiner Heiligkeit zusehen, wie zu antworten ist. Sie sagen nämlich: Wenn Gott, wie du behauptest, in allem allmächtig ist, kann er etwa auch das bewirken, dass, was geschehen ist, ungeschehen gemacht wird? Gewiss kann er, was auch immer geschaffen wurde, zerstören, so dass es nicht mehr ist – aber man sieht nicht, wie er bewirken kann, dass das, was geschehen ist, ungeschehen gemacht wird. Freilich kann es sein, dass von jetzt an und danach Rom nicht ist: aber dass es einst nicht gegründet worden sein soll – wie das geschehen könne, das geht niemandem ein.

Inspirante Deo responsurus ad haec in primis exactorem meum verbis Salomonis ammonendum video, quibus ait: *Maiora te ne quaesieris, et altiora te ne scrutatus fueris.* Deinde dicendum, quia quod Deus facit, aliquid est, quod Deus non facit, nihil est: *Omnia* enim *per ipsum facta sunt, et sine ipso factum est nihil.* De quo nimirum alibi scriptum est: *Qui fecit quae futura sunt.* Iuxta quod et illud: *Qui vivit in aeternum, creavit omnia simul.* Et apostolus: *Qui fecit,* inquit, *ea quae non sunt.* Omnia plane haec testimonia scripturarum testantur Deum fecisse quod non erat, non destruxisse quod erat, condidisse futura, non abolevisse praeterita.

Quamquam et saepe legatur Deus aliquid evertisse, ut melius aliquid procuraret, sicut mundum per aquae diluvium, Pentapolim per ignis incendium, quibus nimirum sic abstulit esse et futurum esse, ut nequaquam abstulerit et fuisse. Quamquam si ad pravorum hominum merita, qui tunc deleti sunt, sollerter inspicias, quoniam vanitates et inania sectati sunt, ut non ad esse sed ad nihilum tenderent, eos merito non fuisse decernas. Hinc est, quod afflictiones spiritus conqueri, scriptura testatur: *Exiguum,* inquiunt, *et cum taedio est tempus vitae nostrae, et non est refrigerium in fine hominis, et non est, qui agnitus sit reversus ab inferis, quia ex nihilo nati sumus, et post haec erimus quasi non fuerimus.* Erimus, inquiunt, tamquam si non fuerimus, quia et tunc quando videbantur esse, ad nihil potius pertinebant, quam ad verum esse. *Ego,* ait, *sum qui sum, et haec dices filiis Israel: Qui est, misit me ad vos.* Qui enim ab illo qui vere est, recedit, necesse est ut non sit, quia ad nihilum tendit. Hinc est, quod iterum gementes dicunt: *Extinctus cinis erit corpus nostrum, et spiri-*

---

[36] Sir 3,21 f. – Wie Reindel (S. 350, FN 21) anmerkt, weicht Damiani (wohl aus dem Kopf zitierend) leicht von der Vulgata ab: bei ihm steht »Maiora – altiora«, statt »Altiora – fortiora«.

[37] Joh 1,3.

[38] Kohelet (Prediger, Ekklesiastes) 3,14 f. – Damianis Wortlaut ergibt sich in etwa durch Zusammenziehung der Verse 14 und 15: »fecit Deus, […] quod futurum est«.

[39] Sir 18,1.

[40] Vgl. Röm 4,17.

[41] Anspielung auf Hiob 4,7: »quando recti deleti sunt?«, »wann sind Redliche vernichtet worden?«.

Indem ich versuche, mit göttlicher Inspiration darauf zu antworten, sehe ich, dass mein Herausforderer zunächst durch die Worte Salomons zu ermahnen ist, mit denen er sagt:[36] *Was für dich zu erhaben ist, das erforsche nicht, und was für dich zu hoch ist, das untersuche nicht!* Sodann muss man sagen: was Gott macht, ist etwas, was Gott nicht macht, ist nichts:[37] *Alles* nämlich *ist durch Ihn gemacht, und ohne Ihn ist nichts gemacht.* Freilich steht über ihn andernorts geschrieben:[38] *Der schuf, was sein wird.* Dementsprechend auch jenes:[39] *Der in Ewigkeit lebt, schuf alles zugleich.* Und der Apostel Paulus:[40] *Der,* spricht er, *das, was nicht ist, geschaffen hat.* Alle diese Zeugnisse aus der Schrift belegen, dass Gott gemacht hat, was nicht da war – nicht, dass er zerstört hat, was da war; dass er das Zukünftige erschaffen hat – nicht, dass er das Vergangene beseitigt hat.

Wenn man auch oft liest, Gott habe etwas zerstört, um etwas Besseres hervorzubringen, wie die Welt durch die Sintflut, die Pentapolis durch Feuersbrunst, hat er sie freilich des Seins und des Zukünftig-Seins so beraubt, dass er ihnen keineswegs auch das Gewesen-Sein genommen hat. Obwohl: wenn man genau auf die Verdienste der Schlechten, die jetzt vernichtet sind,[41] schaut – die ja Nichtigkeiten und Trugbildern nachliefen, so dass sie nicht zum Sein, sondern zum Nichts strebten –, so urteilt man mit Recht, sie seien nicht gewesen. Daher kommt es, dass sie sich über Niedergeschlagenheit des Geistes beklagen; die Schrift bezeugt es:[42] *Kurz,* sagen sie, *und trübselig ist unser Leben, und es gibt keinen lindernden Trost am Ende des Menschen, und keinen kennt man, der aus dem Totenreich zurückgekehrt wäre. Denn aus dem Nichts*[43] *sind wir geboren, und hernach werden wir sein, als wären wir nicht gewesen.* Wir werden sein, sagen sie, als wären wir nicht gewesen – denn auch damals, als sie zu sein schienen, gehörten sie eher zum Nichts, als zum wahren Sein. *Ich bin,* sagt Er, *der ich bin.* Und:[44] *So sollst du zu den Israeliten sprechen: Der ist, hat mich zu euch gesandt.* Wer aber von dem, der wahrhaft ist, fortgeht, muss notwendigerweise nicht sein, denn er strebt zum Nichts. Daher kommt es, dass sie immer wieder seufzen und sagen:[45] *Erloschene Asche wird unser Leib sein, und der Geist verweht wie dünne*

[42] Weish 2,1 f.

[43] Damiani liest mit der *Versio antiqua* »ex nihilo nati sumus« gegenüber dem »ex tempore nati sumus« der *Vulgata.*

[44] Ex 3,14.

[45] Weish 2,3–5.

tus diffundetur tamquam mollis aer; transiet vita nostra tamquam vestigia nubis, et sicut nebula dissolvetur, quae fugata est a radio solis; nomen nostrum oblivionem accipiet per tempus, umbrae transitus est tempus nostrum. Unde et propheta: *Omnes*, inquit, *gentes quasi non sint, sic sunt coram eo, et quasi nihilum et inane reputatae sunt ei.* Et Salomon ait: *Tamquam momentum staterae, sic ante te est orbis terrarum, et tamquam gutta roris antelucani.* Et innumera talia reperiuntur in scripturis, quibus impii homines aut tenuissimis et vilissimis comparentur rebus, aut nihil esse dicantur, etiam tunc cum potentes esse videntur. Unde David: *Vidi*, inquit, *impium superexaltatum et elevatum super cedros Libani, et transivi, et ecce non erat.* Tunc enim et cum divitiis intumescunt, cum se super alios arroganter extollunt, cum denique inferiores per tyrannidis violentiam opprimunt, tunc, inquam, eo verius nihil sunt, quo ab eo qui vere et summe est, procul sunt.

7. Quod haec quaestio potius ad consequentiam verborum quam ad Ecclesiae pertineat sacramentum

Sed quid sibi volunt vani quilibet homines et sacrilegi dogmatis inductores, qui, dum aliis quaestionum suarum tendiculas struunt, quod in eas ipsi ante praecipites corruant, non attendunt, et dum simpliciter gradientibus scandala frivolae inquisitionis obiciunt, ipsi potius *in lapidem offensionis* impingunt. Numquid, inquiunt, potest Deus hoc agere, ut postquam semel aliquid factum est, factum non fuerit? Tamquam si impossibilitas ista in solis videatur provenire praeteritis, et non in praesentibus similiter inveniatur temporibus et futuris. Nam et quicquid nunc est, quamdiu est, proculdubio esse

[46] Jes 40,17.

[47] Weish 11,22.

[48] Ps 36 (37), 35 f. – Damiani hat »super cedros«, die Vulgata »sicut cedrum«.

[49] Damiani belegt hier mit Schriftzitaten den neuplatonischen Gedanken, dass das Böse – bzw. der Böse – eigentlich nicht(s) ist. Vgl. Boethius, *Trost der Philosophie*, 4. Buch, hg. von Kurt Flasch, München 2005, S. 97: »Die Be-

Luft. Unser Leben vergeht wie die Spur einer Wolke und zerstäubt wie Nebel, der von den Strahlen der Sonne verscheucht wird. Unser Name wird bald vergessen, unsere Zeit geht vorüber wie ein Schatten. Daher sagt auch der Prophet:[46] *Alle Völker sind vor Gott wie ein Nichts, für ihn sind sie wertlos und nichtig.* Und Salomon spricht:[47] *Wie ein Stäubchen auf der Waage ist die ganze Welt vor dir und wie ein Tropfen vom Morgentau.* Und Unzähliges dieser Art findet sich in den [Hl.] Schriften, wo gottlose Menschen entweder mit absolut armseligen und minderwertigen Dingen verglichen oder geradezu als Nichts angesprochen werden, auch wenn sie gerade mächtig zu sein scheinen. Daher sagt David:[48] *Ich sah einen Frevler, triumphierend, erhoben über die Zedern des Libanon, ich kam wieder vorüber, und schon war er nicht mehr.* Dann nämlich, wenn sie sich vor Reichtum aufblähen, wenn sie sich anmaßend über die anderen erheben, wenn sie schließlich ihre Untergebenen durch die Gewalt der Tyrannei unterdrücken, dann – so sage ich –, sind sie um so wahrer nichts, als sie von dem, der wahrhaft und zuhöchst ist, ferne sind.[49]

7. Dass diese Frage eher die Folgerichtigkeit der Worte als ein Geheimnis der Kirche betrifft

Aber worauf wollen eigentlich all die eitlen Menschen und Einführer eines frevelhaften Dogmas hinaus, die, während sie anderen die Fallstricke ihrer Fragen legen, nicht bemerken, dass sie selbst sich als erste kopfüber hineinstürzen, und, während sie die, die arglos einherschreiten, dem Ärgernis dreister Untersuchungen aussetzen, vielmehr selbst am *Stein des Anstoßes*[50] straucheln. Ob Gott, sagen sie, wohl das machen kann, dass etwas, das einmal geschehen ist, nicht geschehen ist? Als ob diese Unmöglichkeit nur in vergangenen und nicht auch auf ähnliche Weise in gegenwärtigen und zukünftigen Zeiten vorzukommen schiene. Denn was auch immer jetzt ist, ist, solange es ist, ohne Zweifel notwendig. Solange nämlich etwas ist,

---

hauptung könnte vielleicht seltsam erscheinen, daß die Schlechten, die ja die Mehrzahl der Menschen bilden, überhaupt nicht sind; dennoch verhält es sich so. Denn daß die Schlechten schlecht sind, bestreite ich nicht, aber daß sie eigentlich und schlechthin sind, leugne ich.«

[50] Röm 9,32 f.; Jes 8,14.

necesse est. Nec enim quamdiu aliquid est, non esse possibile est. Item quod futurum est, non futurum fieri impossibile est.

Quamquam nonnulla sint, quae videlicet aequaliter possunt et evenire et non evenire, sicut est me hodie equitare vel non equitare, amicum videre vel non videre, pluere vel aerem serenum esse. Quae scilicet et his similia huius saeculi sapientes consueverunt utrumlibet appellare, quia solent aeque et contingere et non contingere. Sed haec utrumlibet magis dicuntur iuxta variabilem naturam rerum, quam iuxta consequentiam dictionum. Secundum naturalem namque variae vicissitudinis ordinem potest fieri, ut hodie pluat, potest et fieri, ut non pluat. Sed quantum ad consequentiam disserendi, si futurum est ut pluat, necesse est omnino ut pluat, ac per hoc prorsus impossibile est ut non pluat. Quod ergo dicitur de praeteritis, hoc consequitur nihilominus de rebus praesentibus et futuris, nimirum ut, sicut omne quod fuit, fuisse necesse est, ita et omne quod est, quamdiu est, necesse sit esse, et omne quod futurum est, necesse sit futurum esse. Atque ideo quantum ad ordinem disserendi, quicquid fuit, impossibile sit non fuisse, et quicquid est, impossibile sit non esse, et quicquid futurum est, impossibile sit futurum non esse.

---

[51] Man müsste hier fragen: *Wann* ist es unmöglich? Dass das Zukünftige notwendig ist, kann man aus menschlicher Perspektive immer erst im Nachhinein feststellen, also wenn es schon nicht mehr zukünftig, sondern vergangen ist. Nur aus göttlicher Perspektive ist das Zukünftige *jetzt* schon notwendig, was nur ein anderer Ausdruck dafür ist, dass es für Gott keinen Unterschied der Zeiten gibt. – Man kann von hier aus schon einen Blick auf den weiteren Beweisgang werfen: Wäre Kontingenz nur dort gegeben, wo es Zeit gibt, dann wäre für Gott alles notwendig. Das aber höbe die Freiheit Gottes auf. Gott, der über Vergangenheit, Gegenwart und Zukunft erhaben ist, muss infolgedessen erst recht frei sein. Die Zeiten binden ihn nicht.

[52] Vgl. Boethius, *In librum Aristotelis de interpretatione commentarii* (prima editio I, 9; secunda editio III, 9). Vgl. Boethius, *On Aristotle On Interpretation 9, first and second commentaries,* übers. von Norman Kretzmann, London u. a. 2014, S. 130 und S. 150. »Utrumlibet« wird hier übersetzt mit »in-either-of-two-ways«.

[53] Es geht hier um die Lehre der »contingentia futura«, der zufälligen in der Zukunft liegenden Ereignisse, wie Aristoteles sie in Kap. 9 seiner *Lehre vom Satz* entwickelt (19 a 28–33): »Es ist notwendig, daß alles entweder ist oder nicht ist und sein wird oder nicht sein wird. Es ist aber nicht notwendig, daß man eins von beiden getrennt für sich behauptet. Ich will z. B. sagen: es ist

ist es nicht möglich, dass es nicht ist. Ebenso ist es unmöglich, dass das, was geschehen wird, nicht geschehen wird.[51]

Obwohl es freilich einiges gibt, das genauso gut geschehen wie nicht geschehen kann, wie: Heute reite ich oder reite ich nicht, sehe ich einen Freund oder sehe ihn nicht, regnet es oder bleibt das Wetter heiter. Dieses und Ähnliches nannten die Weisen dieser Welt »ein Beliebiges von beiden«,[52] weil es gleichermaßen einzutreten wie nicht einzutreten pflegt. Es wird aber eher nach der variablen Natur der Dinge »ein Beliebiges von beiden« genannt, als nach der Folgerichtigkeit der Redeweise. Denn nach der natürlichen Ordnung des Wechselspiels der Dinge kann es geschehen, dass es heute regnet, es kann aber auch sein, dass es nicht regnet. Nach der Folgerichtigkeit der Rede aber ist es, wenn es regnen wird, notwendig, dass es überhaupt regnet, und daher durchaus unmöglich, dass es nicht regnet.[53] Was also von den vergangenen Dingen gesagt wird, das folgt nicht weniger von den gegenwärtigen und zukünftigen, nämlich: dass, so wie alles, was war, notwendig war, auch alles, was ist, solange es ist, notwendig ist, und alles, was sein wird, notwendig sein wird. Und daher ist es, nach der Ordnung des Diskurses, unmöglich, dass, was war, nicht war, und unmöglich, dass, was ist, nicht ist, und unmöglich, dass, was sein wird, nicht sein wird.[54]

---

notwendig, daß morgen eine Seeschlacht sein oder nicht sein wird, es ist aber nicht notwendig, daß morgen eine Seeschlacht sein wird oder daß sie nicht stattfindet; notwendig aber ist, daß sie entweder stattfindet oder nicht.« Aristoteles, *Kategorien. Lehre vom Satz (Peri hermeneias)*, übers. von Eugen Rolfes, Hamburg (Meiner) 1958, S. 105. – Wie Damiani richtig resümiert, verbleibt in der Natur der Dinge die gänzliche Kontingenz: weder dass es morgen regnet, noch dass es nicht regnet, ist notwendig. In der Folgerichtigkeit der Rede lässt sich aber eine Notwendigkeit daraus machen: denn »dass es morgen regnet oder nicht regnet« ist notwendig wahr. – J. Isaac bezeichnet es als Ironie des Schicksals, dass gerade der Anti-Dialektiker Damiani mit dieser Argumentation das 9. Kapitel von *Peri hermeneias* zum Bezugspunkt künftiger Generationen – von Anselm bis Thomas – macht. Er habe diesen Text in die mittelalterliche Theologie eingeführt. Vgl. J. Isaac, *Le* Peri hermeneias *en Occident de Boèce à saint Thomas*, Paris 1953, S. 45–49, 60. – Vgl. dazu den Kommentar von Thomas von Aquin, *In Aristotelis libros Peri Hermeneias et Posteriorum Analyticorum expositio*, hier: *In Peri Hermeneias*, liber I, lectio 15., 2. Aufl. Turin 1986, S. 75–77.

[54] Vgl. Fredegisus von Tours, *De nihilo et tenebris*, PL 105, Sp. 754 A. »Quidquid esse necesse est, non esse impossibile est.« Vgl. dazu das 9. Kap. von Aristoteles, *Lehre vom Satz.*

Videat ergo inperite sapientium et vana quaerentium caeca temeritas, quia si haec quae ad artem pertinent disserendi, ad Deum procaciter referant, iam non tantum in praeteritis, sed et in praesentibus ac futuris eum impotentem penitus et invalidum reddant. Qui nimirum, quia necdum didicerunt elementa verborum, per obscuras argumentorum suorum caligines amittunt clarae fidei fundamentum, et ignorantes adhuc, quod a pueris tractatur in scholis, querelae suae calumnias divinis ingerunt sacramentis, et quia inter rudimenta discentium vel artis humanae nullam apprehendere peritiam, curiositatis suae nubilo perturbant puritatis ecclesasticae disciplinam.

Haec plane, quae ex dialecticorum vel rhetorum prodeunt argumentis, non facile divinae virtutis sunt aptanda mysteriis, et quae ad hoc inventa sunt, ut in syllogismorum instrumenta proficiant vel clausulas dictionum, absit, ut sacris se legibus pertinaciter inferant et divinae virtuti conclusionis suae necessitates opponant. Quae tamen artis humanae peritia, si quando tractandis sacris eloquiis adhibetur, non debet ius magisterii sibimit arroganter arripere, sed velut ancilla dominae quodam famulatus obsequio subservire, ne si praecedit, oberret, et dum exteriorum verborum sequitur consequentias, intimae virtutis lumen et rectum veritatis tramitem perdat.

Quis enim manifeste non videat, quia, si argumentationibus istis, ut sese ordo verborum habet, fides adhibetur, divina virtus in temporum quibusque momentis impotens ostendatur? Nam iuxta frivolae quaestionis obloquium non praevalet Deus agere, ut vel quae dudum facta sunt, facta non fuerint, vel e diverso quae facta non sunt, facta fuerint, vel quae nunc sunt, quamdiu sunt, non sint, vel

---

[55] Die Bedeutung von *sacramentum* im Sinn von *mysterium* (vgl. die Kapitelüberschrift) verweist auf Isidor von Sevilla, *Etymologien*, Buch VI, Kap. 19, § 42.

[56] Hier, wie auch an anderen Stellen unseres Textes, meint man Bernhard von Clairvaux im Streit mit Petrus Abaelard zu hören.

[57] Die *peritia artis humanae*, von der bereits einige Zeilen weiter oben die Rede war, dürfte sich auf die Dialektik (Logik) und Rhetorik als Teile der sieben freien Künste des Trivium und des Quadrivium beziehen, also auf das im mittelalterlichen Lehrbetrieb dem Studium der Theologie vorgeschaltete philosophische Grundlagenstudium.

Möge also die blinde Dreistigkeit derer, die ohne Erfahrung zu Weisen geworden sind und eitle Fragen stellen, einsehen, dass, wenn sie das, was zur Kunst des Diskurses gehört, ungehörigerweise auf Gott beziehen, sie ihn nicht nur hinsichtlich des Vergangenen, sondern auch des Gegenwärtigen und des Zukünftigen völlig ohnmächtig und unvermögend machen. Kein Wunder, dass sie, da sie noch nicht einmal das ABC gelernt haben, durch den dunklen Nebel ihrer Argumente das klare Fundament des Glaubens verlieren. Während sie noch nicht wissen, was von den Knaben in der Schule behandelt wird, tragen sie die üblen Unterstellungen ihrer Fragen in die göttlichen Geheimnisse[55] hinein. Und während sie noch nicht einmal beim Studieren der Grundlagen der menschlichen Kunst die geringste Erfahrung erworben haben, bringen sie, von ihrer Neugier[56] benebelt, die Zucht der kirchlichen Reinheit in Unordnung.

Das, was sich aus den Argumenten der Dialektiker bzw. der Rhetoriker ergibt, lässt sich nicht so einfach auf die Geheimnisse der göttlichen Macht anwenden. Und was dazu erfunden wurde, um als syllogistische Werkzeuge oder als Redeschlüsse etwas auszurichten – fern sei es, dass es sich aufdringlich in die göttlichen Gesetze einmischt und die Notwendigkeiten seiner Schlussfolgerung der göttlichen Macht entgegenstellt. Diese Kompetenz in der menschlichen Kunst[57] darf sich, wenn sie auf die Behandlung heiliger Rede angewandt wird, doch nicht hochmütig das Recht zu lehren anmaßen, sondern soll wie eine Magd[58] ihrer Herrin in einer Art dienendem Gehorsam zur Verfügung stehen, damit sie nicht, wenn sie voranschreitet, den Weg verfehlt, und, während sie der Folgerichtigkeit äußerer Worte nachgeht, das Licht der inneren Tugend und den rechten Pfad der Wahrheit verliert.

Wer sähe denn nicht, dass, wenn man diesen Argumentationen nach der Ordnung der Worte Glauben schenkt, die göttliche Macht sich in allen Momenten der Zeiten als ohnmächtig erweist? Denn nach dem Einspruch der dreisten Frage ist Gott nicht mächtig genug, sei es zu machen, dass, was bereits geschehen ist, nicht geschehen ist, oder andersherum, was nicht geschehen ist, geschehen ist, oder dass,

---

[58] Von dieser Stelle nimmt wohl die Rede von der »Philosophie als Magd der Theologie« ihren Ausgang, wenn auch nicht wörtlich (den Begriff »theologia« verwendet erst Abaelard im 12. Jahrhundert und erntet dafür erbitterte Vorwürfe von Seiten Bernhards von Clairvaux).

quae futura sunt, futura non sint, vel e contra quae futura non sunt, futura sint.

De qua nimirum quaestione veteres liberalium artium discussores, non modo gentiles sed et fidei christianae participes prolixius tractaverunt, sed nemo illorum in hanc ausus est prosilire vesaniam, ut Deo notam impossibilitatis adscriberet, et praesertim si Christianus fuit, de illius omnipotentia dubitaret, sed ita de consequentia necessitatis vel impossibilitatis iuxta meram solius artis disputavere virtutem, ut nullam in his conflictibus Dei facerent mentionem. Isti autem qui antiquam quaestionem noviter afferunt, dum altiora gestiunt nosse, quam capiunt, potius aciem suae mentis obtundunt, quia ipsum lucis auctorem offendere non pavescunt.

Haec igitur quaestio quoniam non ad discutiendam maiestatis divinae potentiam, sed potius ad artis dialecticae probatur pertinere peritiam, et non ad virtutem vel materiam rerum, sed ad modum et ordinem disserendi consequentiamque verborum non habet locum in ecclesiae sacramentis, quae a saecularibus pueris ventilatur in scholis. Non enim ad fidei regulam vel morum pertinet honestatem, sed ad loquendi copiam verborumque nitorem. Quamobrem sufficiat nobis brevi compendio fidem defendere, quam tenemus, sapientibus autem huius saeculi, quae sua sunt, cedimus. Habeant, qui volunt, litteram occidentem, dummodo per Dei misericordiam spiritus a nobis vivificans non recedat.

8. Quod Deus intra praesentiae suae sinum omnia simul et tempora et loca concludat

Constat itaque Deum omnipotentem sic omnia saecula in aeternae sapientiae suae thesauro concludere, ut nec ad se quid accedere, ned a se quicquam per temporum valet momenta transire. In illa igitur ineffabili suae maiestatis arce persistens, sic omnia in praesentiae suae constituta conspectu uno ac simplici contemplatur intuitu, ut

[59] Vgl. 2 Kor 3,6.

was jetzt ist, solange es ist, nicht ist, oder was sein wird, nicht sein wird, oder im Gegenteil, dass, was nicht sein wird, sein wird.

Freilich haben über diese Frage die alten Disputanten der freien Künste, nicht nur heidnische, sondern auch Vertreter des christlichen Glaubens, ziemlich ausführlich gehandelt, aber niemand von ihnen hat es gewagt, sich zu dem Wahnsinn zu versteigen, Gott den Makel einer Ohnmacht zuzuschreiben, und – zumal, wenn er Christ war –, an seiner Allmacht zu zweifeln. Sondern sie haben über die Konsequenz der Notwendigkeit oder der Unmöglichkeit lediglich entsprechend der Leistungsfähigkeit ihrer Kunst disputiert, so dass sie in diesen Streitigkeiten Gott nicht einmal erwähnten. Diese aber, die die alte Frage wieder neu aufrollen, stumpfen eher die Schärfe ihres Geistes ab, wenn sie so tun, als wüssten sie Höheres, als sie verstehen, da sie nicht davor zurückschrecken, den Urheber des Lichts zu beleidigen.

Diese Frage, die von den Laienknaben in den Schulen aufgeworfen wird, hat keinen Platz in den Geheimnissen der Kirche. Denn es wird gezeigt, dass sie nicht zur Diskussion der Macht der göttlichen Majestät gehört, sondern vielmehr zur Kompetenz der dialektischen Kunst –, nicht zur Kraft oder zum Stoff der Dinge, sondern zur Art und Ordnung des Diskurses und zur Folgerichtigkeit der Worte. Sie gehört nämlich nicht zur Regel des Glaubens oder zur Rechtschaffenheit der Sitten, sondern zur Macht der Rede und zum Glanz der Worte. Deshalb soll es uns genügen, den Glauben, den wir haben, mit einer kurzen Zusammenfassung zu verteidigen – den Weisen dieser Welt aber lassen wir das Ihre. Mögen sie, wenn sie wollen, den Buchstaben haben, der tötet,[59] wenn nur durch Gottes Barmherzigkeit der lebendig machende Geist nicht von uns weicht.

8. Dass Gott im Schoß seiner Gegenwart gleichzeitig alle Zeiten und Orte umfasst

Es steht also fest, dass der allmächtige Gott im Schatz seiner ewigen Weisheit alle Zeiten so umschließt, dass durch den Ablauf der Zeit weder etwas zu ihm dazukommen, noch etwas von ihm vergehen kann. In der unaussprechlichen Festung seiner Hoheit verbleibend, betrachtet er alles, was angesichts seiner Gegenwart Bestand gewinnt, so mit einem einzigen und einfachen Blick, dass für ihn das

sibi numquam penitus vel praeterita transeant, vel futura succedant. Cui dum semper esse atque idem esse est per aeternitatem, dum omne, quod labitur, circumscribit, intra semetipsum omnium cursus temporum claudit. Et sicut intra se sine transitu cohibet omnia tempora, ita nihilominus intra se sine spatiis universa continet loca. Hinc est plane, quod ait: *Caelum et terram ego impleo*. Hinc est, quod sapientia illius dicit: *Girum caeli circuivi sola*. De qua et Salomon ait, quia *cum sit una, omnia potest, et permanens in se, innovat omnia*. Et idem alibi: *Si caelum et caeli caelorum te capere non possunt, quanto magis domus haec, quam aedificavi tibi*. De cuius etiam spiritu scriptum est: *Spiritus Domini replevit orbem terrarum*, et hoc quod *continet omnia*. De quo rursus dicitur, quia *omnium est artifex, omnem habet virtutem, omnia prospiciens*. Et Dominus per prophetam dicit: *Caelum mihi sedes est, terra autem scabellum pedum meorum*. Rursumque de eo scriptum est: *Caelum metitur palmo, et omnem terram pugillo concludit*. Sedi quippe cui praesidet, interior et superior manet. Nam caelum palmo metiens et terram pugillo concludens ostenditur, quod ipse sit circumquaque cunctis rebus, quas creavit, exterior. Id namque quod interius concluditur, a concludente exterius continetur. Per sedem ergo, cui praesidet, esse interius ac supra perpenditur, per pugillum vero, quo continet, esse exterius subterque signatur.

Quia enim ipse manet intra omnia, ipse extra omnia, ipse super omnia, ipse infra omnia, et superior est per potentiam, et inferior est

60 Jer 23,24.

61 Sir 24,5.

62 Weish 7,27.

63 2 Chr 6,18.

64 Weish 1,7.

65 Weish 7,21.23.

66 Jes 66,1.

67 Jes 40,12. – Reindel weist darauf hin, dass Damiani hier sowohl vom Wortlaut der *Nova Vulgata* als auch von dem der *Versio antiqua* abweicht (S. 356, FN 41).

68 Cantin (S. 420, FN 1) verweist hier auf eine Parallelstelle, den Brief 81 (Reindel [Hg.], *Die Briefe des Petrus Damiani*, Teil 2, S. 426, Z. 11–16): »Inmensitas quippe divinae magnitudinis ista est ut intelligamus eum intra omnia, sed non inclusum; extra omnia, sed non exclusum. Ideo scilicet interior ut cuncta contineat; ideo exterior ut omnia incircumscriptae suae magnitudinis inmensitate concludat. Per id quod exterior est, esse creator ostenditur: per id quod interior, gubernator et rector rerum omnium demonstratur.« – »Die Unermesslichkeit der göttlichen Größe ist nämlich dergestalt, dass wir verstehen: Er ist in allem, aber nicht umschlossen; außer allem, aber nicht ausgeschlos-

Vergangene niemals völlig vorübergeht, und das Zukünftige niemals völlig an dessen Stelle tritt. Da für ihn »immer sein« und »derselbe sein« für die Ewigkeit gilt, da er alles, was schwindet, umfasst, schließt er den Lauf aller Zeiten innerhalb seiner selbst ein. Und wie er innerhalb seiner alle Zeiten ohne Vergehen zusammenhält, genauso enthält er in sich alle Orte ohne Raum. Daher kommt offenbar, was er sagt:[60] *Ich erfülle Himmel und Erde.* Daher kommt, was seine Weisheit spricht:[61] *Den Kreis des Himmels umschritt ich allein.* Von ihr redet auch Salomon,[62] denn *sie ist nur eine, und vermag doch alles; in sich bleibend, erneuert sie alles.* Und an anderer Stelle:[63] *Wenn selbst der Himmel und die Himmel der Himmel dich nicht fassen, wie viel weniger dieses Haus, das ich dir gebaut habe.* Von seinem Geist steht auch geschrieben:[64] *Der Geist des Herrn erfüllt den Erdkreis*, und, dass *er alles zusammenhält.* Wiederum heißt es von ihm, dass[65] er *Meister aller Dinge sei, alles vermögend, alles durchschauend.* Und der Herr spricht durch den Propheten:[66] *Der Himmel ist mein Thron, und die Erde der Schemel für meine Füße.* Und wieder steht von ihm geschrieben:[67] *Er misst den Himmel mit der Hand und umfasst die ganze Erde mit der Faust.* Freilich bleibt er dem Thron, auf dem er sitzt, innerlich und über ihm. Denn »den Himmel mit der Hand messend und die Erde mit der Faust umfassend« wird er dargestellt, weil er selbst allen Dingen gegenüber, die er geschaffen hat, äußerlich ist. Denn das, was innen umfasst wird, wird vom Umfassenden außen zusammengehalten. Durch den Thron, auf dem er sitzt, wird zu verstehen gegeben, dass er innerlich und darüber ist; durch die Faust aber, mit der er zusammenhält, wird angezeigt, dass er außerhalb und darunter ist.

Er selbst freilich bleibt in allem, außer allem, über allem, unter allem; darüber ist er durch seine Macht, darunter durch seine Unterstützung; außen ist er durch seine Größe, innen durch seine Feinheit.[68] Wo also geschieht etwas ohne ihn, der, da er nirgendwo durch

---

sen. Und zwar so sehr innen, dass er alles zusammenhält; so sehr außen, dass er alles mit der Unermesslichkeit seiner unerfassbaren Größe umfasst. Dadurch, dass er außen ist, wird gezeigt, dass er der Schöpfer ist: dadurch, dass er innen ist, wird erwiesen, dass er der Lenker und Leiter aller Dinge ist.«
Der Gedanke, dass sich die Göttlichkeit Gottes im Zusammenfall der Gegensätze zeigt (Innensein, Außensein, Größe und Feinheit), weist auf Cusanus voraus. Das Innesein Gottes in allen Dingen (»Deus [est] in omnibus rebus, et intime«) steht auch in *Summa theol.*, I, qu. 8, art. 1 (DThA, Bd. 1, S. 143).

per sustentationem, et exterior per magnitudinem, et interior per subtilitatem. Ubi ergo fit aliquid absque eo, qui, cum per molem corporis nusquam est, per incircumscriptam substantiam nusquam deest? De quo ait apostolus, quia *in ipso constant omnia*, et rursus, *quoniam ex ipso et per ipsum et in ipso sunt omnia*. Est enim, ut ita dixerim, locus inlocalis, qui sic in se continet omnia loca, ut non moveatur ipse per loca. Et cum omnia simul impleat, non per partes sui occupat partes loci, sed totus ubique est, nec per ampliora loca diffusior, nec per angustiora contractior, nec altior in excelsis, nec plus humiliatus in infimis, non maior in magnis, non minor in minimis, sed unus idemque simplex at aequalis ubique, nulla indigens creatura, sed eo omnis indiget creatura.

Nam et antequam virtutes angelicas condidisset, antequam tempus vel temporale aliquid extitisset, plenas atque perfectas immortalitatis et gloriae divitias possidebat. Ad creandum igitur quod non erat, non solitudinis eum vel alicuius inopiae necessitas impulit, sed sola propriae clementiae bonitas provocavit. Nec beatitudini eius rerum conditio conferre aliquid potuit, cum ita per se et in se sit plenus atque perfectus, ut nec existente creatura sibi aliquid accedat, nec ea pereunte decedat. *Omnia siquidem flumina intrant in mare, et mare non redundat eis.*

9. Quomodo Deus cui omnia posse et nosse coaeternum est regnet in aeternum et ultra

Est plane sibi coaeternum omnia posse sicut et omnia nosse idemque semper existere. In illo itaque summo rerum cardine naturarum omnium iura dispensans, sic omnia tempora, praeterita videlicet, praesentia et futura, intra suae provisionis arcana complectitur, ut nec novum aliquid sibi penitus accidat, nec aliquid ab eo per cursus mo-

---

[69] Kol 1,17.
[70] Röm 11,38.
[71] Vgl. Augustinus, *De civitate Dei*, XI, 10.

körperliche Masse anwesend ist, durch seine unfassbare Substanz nirgendwo abwesend ist? Über ihn sagt der Apostel Paulus, dass[69] *in ihm alles befestigt ist*, und wiederum,[70] *dass aus ihm und durch ihn und in ihm alles ist.* Er ist ja sozusagen ein ortloser Ort, der so in sich alle Orte enthält, dass er selber sich nicht örtlich bewegt. Und da er alles zugleich erfüllt, nimmt er die Teile des Raums nicht durch seine Teile ein, sondern er ist überall ganz – weder über weitere Räume mehr ausgebreitet noch über engere eingeschränkter, weder höher in den Höhen noch erniedrigter in den Tiefen, nicht größer im Großen, nicht kleiner im Kleinsten, sondern einer und derselbe, überall einfach und gleich,[71] keiner Kreatur bedürftig, doch jede Kreatur bedarf seiner.

Denn noch bevor er die Engelsmächte schuf, noch bevor es die Zeit noch irgendetwas Zeitliches gab, besaß er schon die Reichtümer der Unsterblichkeit und der Herrlichkeit voll und ganz. Zu schaffen, was es nicht gab, trieb ihn also weder die Not der Einsamkeit noch irgendeines Mangels, sondern allein seine Milde und Güte brachte ihn dazu.[72] Und zu seiner Glückseligkeit konnte die Erschaffung der Dinge nichts beitragen, da er durch sich und in sich so erfüllt und vollkommen ist, dass weder durch das Dasein einer Kreatur etwas zu ihm dazukommt, noch durch ihren Untergang ihm etwas abgeht:[73] *Denn alle Flüsse ergießen sich ins Meer, und das Meer fließt nicht davon über.*

9. Wie Gott, dem alles zu können und zu wissen gleichewig ist, in Ewigkeit und darüber hinaus regiert

Offenbar ist ihm alles zu können wie auch alles zu wissen und immer derselbe zu sein gleichewig. Von jenem höchsten Dreh- und Angelpunkt aus die Rechte aller Naturen einrichtend, umfasst er so alle Zeiten, nämlich die vergangenen, gegenwärtigen und zukünftigen, innerhalb der Geheimnisse seiner Vorsehung, dass für ihn überhaupt nichts Neues vorkommt, noch etwas sich von ihm durch den Ablauf

---

[72] Vgl. Augustinus, *Enarrationes in Psalmos*, Psalm 134 (135), Nr. 10 (zu Vers 6). »Deus bonitate fecit: nullo quod fecit eguit.« »Gott hat es aus Güte gemacht: nichts von dem, was er gemacht hat, entbehrte er.« (Augustinus, *Enarrationes in Psalmos 134–140*, ed. Franco Gori, Wien 2002, S. 37.)

[73] Kohelet 1,7.

menta recedat, sed nec diversis obtutibus diversa considerat, ut cum intendit praeteritis, vacet a praesentibus vel futuris, vel[a] rursus cum praesentia sive futura considerat, oculos a praeteritis avertat, sed uno dumtaxat ac simplici praesentissimae maiestatis intuitu simul omnia comprehendit. Neque hoc confuse atque inexplicabiliter, sed omnia discernit atque iuxta proprietatem suam quaeque distinguit.

Plane qui in theatro residet, non simul omnia videt, quia cum intendit aciem ante se, non videt post se. Qui autem non in theatro, sed super theatrum excelsior supereminet, totius undique interiorem theatri ambitum uno comprehendit aspectu. Ita omnipotens Deus, quia omnibus, quae volvuntur, incomparabiliter supereminet, omnia simul suis subiecta conspectibus praesentialiter videt.

Et ut quod loquimur, non modo vivax ingenium capiat, sed et deses quilibet facile comprehendat, maior nobis varietas est in hoc tam brevissimo temporis puncto quo[b] dicimus caelum, quam Deo sit simul inspicere infinita spatia saeculorum. Nam cum huius particulae prima dicitur sillaba, remanet adhuc secunda, et cum secunda sonat, iam prima pertransiit. Deus autem uno atque ineffabillis suae contemplationis ictu simul omnia conspicit et conspiciendo distinguit, omnia circumdando penetrat, et penetrando circumdat.

Hinc est, quod Petrus ait apostolus: *Unum hoc non lateat vos, carissimi, quia unus dies apud Deum sicut mille anni, et mille anni sicut dies unus.* Et quia millenarius numerus perfectus est, mille annos pro longitudine et prolixitate omnium posuit saeculorum. Unde psalmista: *Mille*, inquit, *anni ante oculos tuos tamquam dies hesterna, quae praeteriit.* Non ait: Tamquam dies hodierna, sed tamquam dies he-

---

[a] Reindel (S. 357, Z. 20) beginnt mit »Vel« einen neuen Satz. Wir bevorzugen die Interpunktion von Cantin, da sonst die Verneinung verlorengeht: Gott wendet die Augen *nicht* von der Vergangenheit ab, während er die Gegenwart bzw. die Zukunft betrachtet. [b] Wir folgen hier der Lesart Cantins (S. 424, Z. 27). Reindel hat »quod« (S. 358, Z. 11), bringt aber in Anm. e sieben (von zehn) Zeugen für »quo«. Auch Brezzi-Nardi lesen »quo« (S. 90, Z. 13).

---

[74] Vgl. Augustinus, *De civitate Dei*, XI, 21.

[75] Das Bild der höheren Position Gottes, von der aus das zeitliche Nacheinander gleichzeitig wird, verwendet auch Thomas von Aquin in *Summa theol.*, I, qu. 14, art. 13, ad 3 (DThA 2, S. 53): »Wie der, der auf dem Wege geht, jene nicht sieht, die nach ihm kommen; der aber, der von einer Höhe herab den ganzen Weg überschaut, sieht alle, die des Weges ziehen.« – Vgl. Boethius,

der Zeit entfernt. Vielmehr betrachtet er nicht Verschiedenes mit verschiedenen Blicken, so dass er, während er auf das Vergangene schaut, sich vom Gegenwärtigen bzw. Zukünftigen lösen würde, oder wiederum, wenn er das Gegenwärtige bzw. Zukünftige erwägt, seine Augen vom Vergangenen abwenden müsste, sondern mit einem einzigen und einfachen Blick seiner allgegenwärtigen Hoheit begreift er alles zugleich.[74] Und das nicht verschwommen und verworren, sondern alles unterscheidet er und differenziert ein jedes nach seiner Eigenart.

Freilich, wer im Theater sitzt, sieht nicht alles zugleich, denn während er auf die Reihe vor ihm schaut, sieht er nicht hinter sich. Wer aber nicht im Theater [sitzt], sondern über das Theater erhoben eine höhere Warte einnimmt, erfasst das ganze innere Rund des Theaters mit einem einzigen Blick. So sieht der allmächtige Gott, da er allem gegenüber, was abläuft, eine unvergleichlich höhere Position einnimmt, alles, was seinen Blicken unterworfen ist, zugleich als gegenwärtig.[75]

Und damit, was wir sagen, nicht nur ein lebhafter Geist erfasst, sondern auch ein jeder, der etwas langsamer ist, es leicht begreift: für uns ändert sich mehr in dem winzigen Zeitpunkt, in dem wir »Himmel« sagen, als für Gott, wenn er die unendlichen Räume der Ewigkeit zugleich erblickt. Denn während die erste Silbe dieses Wörtchens ausgesprochen wird, bleibt noch die zweite, und wenn die zweite ertönt, ist die erste schon vergangen. Gott aber erblickt auf einen Schlag mit seiner unaussprechlichen Schau alles zugleich, und indem er es erblickt, unterscheidet er es – er durchdringt alles, indem er es umfängt, und indem er es durchdringt, umfängt er es.[76]

Daher sagt der Apostel Petrus:[77] *Das eine soll euch nicht verborgen bleiben, Geliebte, dass bei Gott ein Tag wie tausend Jahre ist, und tausend Jahre wie ein Tag.* Und weil tausend eine vollkommene Zahl ist, nahm er tausend Jahre für die Länge und Dauer aller Zeiten. So heißt es im Psalm:[78] *Tausend Jahre sind vor deinen Augen wie der gestrige Tag, der vergangen ist.* Es heißt nicht: wie der heutige Tag,

Trost der Philosophie (wie FN 49), S. 136: »die höchste Einsicht, gleichsam von oben schauend«.

76 Vgl. Dionysius Areopagita, *De divinis nominibus*, Kap. 7, Nr. 2 (Hinweis bei Brezzi-Nardi, S. 90, FN 2).

77 2 Petr 3,8.

78 Ps 89 (90), 4.

sterna, quae praeteriit, quia quicquid a nobis futurum expectatur, iam Deo per omnia notum quasi praeteritum esse decernitur. Est enim, sicut ipse de se dixit: *Alfa et ω, initium et finis.* Et per prophetam: *Ante me non est formator Deus, et post me non erit.* Enimvero quia in supremo rerum vertice ineffabiliter supereminens, quasi quodam profunditatis et[a] aeterni consilii sui circulo non modo cuncta temporum spatia, sed et loca et universas amplectitur creaturas, et haec omnia uno contemplationis ictu ac simplici semper aspectat intuitu, non immerito solus potens, solus aeternus, solus dicitur immortalis. Unde et apostolus: *Regi*, inquit, *saeculorum immortali, invisibili, soli Deo honor et gloria.* Et idem: *Beatus et solus potens rex regum et dominus dominantium, qui solus habet immortalitatem, et lucem habitat inaccessibilem, quem nemo hominum vidit, nec videre potest.*

Nam et angelica virtus, licet potens sit, non tamen a se, sed ab illo; licet immortalis sit suumque beate vivere nullo prorsus fine concludat; tamen quia et loca mutat et tempora, non coaeterna suo dicenda est creatori, quia naturaliter atque essentialiter est ipsa potentia, ipsa immortalitas, ipsa aeternitas. Unde et Moyses: *Dominus*, inquit, *regnavit in aeternum et ultra.* Nam et angelica beatitudo iuxta conditionis suae modum non immerito videtur aeterna, quae nulli prorsus termino probatur obnoxia. Et merito dicitur, quia in aeternum vivit, quia beate vivere numquam desinit. Sed ille non solum in aeternum, sed in aeternum regnat et ultra, qui cuncta saeculorum volumina intra provisionis suae continet sinum, et non tamquam praeterita vel futura, sed ut revera praesentia suoque subiecta conspectui perspicacissimo comprehendit intuitu, qui suae ditionis imperio regit omnia, cuius legibus obtemperant universa. Qui omnes creaturas ad nutum sui disponit arbitrii, omnibus vivendi moderatur ac temperat

---

[a] Reindel (S. 359, Anm. q) gibt an, dass »et« in vier Handschriften fehlt. Unsere Übersetzung orientiert sich an dieser einfacheren Fassung.

---

[79] Eine feine Beobachtung: da es für Gott nichts Neues, nichts, was die Zukunft an Ausstehendem bringen könnte, gibt, ist sozusagen alles für ihn Vergangenheit. Von hier aus ist es nur noch ein Schritt zum Beweisziel.

[80] Offb 1,8; 21,6.

[81] Vgl. Jes 43,10.

[82] Die Bildersprache dieser Passage evoziert das im Mittelalter geläufige Bild des Schöpfers, der mit einem Zirkel die Schöpfung umschreibt.

sondern wie der gestrige Tag, der vorüberging – denn was auch immer wir als zukünftig erwarten, wird als Gott bereits bekannt quasi als vergangen registriert.[79] Er ist ja, wie er selber von sich gesagt hat:[80] *Alpha und Omega, Anfang und Ende.* Und durch den Propheten:[81] *Vor mir gibt es keinen Schöpfergott, und nach mir wird es keinen geben.* Denn weil er, unaussprechlich auf dem höchsten Gipfel der Dinge alles überragend wie mit einem Zirkel[82] in der Tiefe seines ewigen Rats nicht nur alle Zeiträume, sondern auch alle Orte und sämtliche Geschöpfe umfasst, und dies alles auf einen einzigen Schlag mit seiner Betrachtung und seinem einfachen Blick immer erschaut, so wird nicht zu Unrecht er allein mächtig, er allein ewig, er allein unsterblich genannt. Daher sagt auch der Apostel:[83] *Dem König der Ewigkeit, dem unvergänglichen, unsichtbaren, einzigen Gott, sei Ehre und Herrlichkeit.* Und derselbe:[84] *Selig und mächtig ist der König der Könige und der Herr der Herren, der allein Unsterblichkeit besitzt und in unzugänglichem Licht wohnt, den kein Mensch je gesehen hat, noch sehen kann.*

Denn auch die Kraft der Engel, obwohl mächtig, ist es doch nicht von sich, sondern von ihm aus; obwohl sie unsterblich ist und ihr seliges Leben durch keinerlei Ende begrenzt – dennoch kann man sie, weil sie die Räume und die Zeiten wechselt, nicht ihrem Schöpfer gleichewig nennen, der von Natur und Wesen die Macht selbst, die Unsterblichkeit selbst, die Ewigkeit selbst ist. Daher sagt auch Moses:[85] *Der Herr regierte in Ewigkeit und darüber hinaus.* Denn auch die Seligkeit der Engel scheint zwar, nach Art und Weise ihrer Beschaffenheit, nicht zu Unrecht ewig, da sich ja zeigt, dass kein Ende ihr etwas anhaben kann. Und zu Recht sagt man, dass sie ewig lebt, da sie niemals aufhört, glückselig zu leben. Er aber herrscht nicht nur in Ewigkeit, sondern in Ewigkeit und darüber hinaus – er, der alle Zeiten eingerollt im Schoß seiner Vorsehung umfasst, und sie nicht als vergangene und zukünftige, sondern als tatsächlich gegenwärtige seiner Schau unterworfen mit alles durchdringendem Blick begreift – er, der mit machtvollem Befehl alles regiert, dessen Gesetzen alles gehorcht. Er, der über alle Geschöpfe nach einem Wink seines Willens verfügt, allem die Lebensordnung erteilt und anpasst, allem die

---

[83] 1 Tim 1,17.

[84] 1 Tim 6,15 f.

[85] Ex 15,18.

ordinem, omnium formas distinguit ac species, omnibus prout vult congruas virium tribuit facultates, a quo et per quem est quicquid est, sine quo quicquid est, proculdubio nihil est.

10. Quod Deo non est heri vel cras, sed hodie sempiternum

Omnipotenti itaque Deo non est heri vel cras, sed hodie sempiternum, cui nihil defluit nec accidit, cui nihil est varium, nihil a se diversum. Illud hodie aeternitas est incommutabilis, indefectiva, inaccessibilis, cui videlicet nihil addi, nihil valet imminui, et omnia quae apud nos elabendo transcurrunt, aut per temporum se vicissitudines variant, apud illud hodie stant et immobiliter perseverant. In illo scilicet hodie dies ille adhuc inmobilis est, in quo mundus iste sumpsit originem, in illo iam et ille nihilominus est, quo iudicandus est per aeterni iudicis aequitatem. Neque enim in eam lucem, quae sine accessu ea, quae elegit, illustrat, et sine recessu ea, quae respuit, deserit, defectus mutabilitatis venit, quia in semetipsa permanens immutabilis, mutabilia cuncta disponit, sicque in se transeuntia condidit, ut apud se quae condita sunt, transire nequaquem possint. Nec tempus intus in conspectu eius defluit, quod apud nos foris per exteriora decurrit. Unde fit, ut in aeternitate eius omnia fixa permaneant, quae non fixa extrinsecus saeculorum volumina indesinenter emanant. Deo quippe dies una est aeternitas sua, quam videlicet diem nec fine claudi nec initio videt aperiri psalmista, cum dicit: *Melior est dies una in atriis tuis super milia.*

---

[86] Vgl. Augustinus, *De natura boni Die Natur des Guten*, I, 1, übers. von Brigitte Berges, Bernd Goebel und Friedrich Hermanni, in: Augustinus, *Opera Werke*, Bd. 22, Paderborn u. a. 2010, S. 86 f. – Vgl. Dionysius Areopagita, *De divinis nominibus*, Kap. 12 (Hinweis bei Brezzi-Nardi, S. 94, FN 3).

[87] Vgl. Augustinus, *De civitate Dei*, XI, 21.

[88] Gesagt werden soll: Gott ist vollkommene Einheit, ganz eins mit sich – im Gegensatz etwa zu dem von Hegel beschriebenen »unglückliche[n], in sich entzweite[n] Bewußtsein«. *Phänomenologie des Geistes*, Hamburg 1988, S. 144.

Form- und Artunterschiede gibt, allem, so wie er will, die den Kräften entsprechenden Fähigkeiten zuteilt, von dem und durch den alles ist, was ist, ohne den alles, was ist, zweifelsohne nichts ist.[86]

10. Dass es für Gott kein Gestern oder Morgen gibt, sondern ein immerwährendes Heute

Daher gibt es für den allmächtigen Gott[87] kein Gestern oder Morgen, sondern ein immerwährendes Heute, von dem nichts ab-, dem nichts zufließt, bei dem nichts unbeständig, nichts mit ihm in Widerspruch stehend[88] ist. Dieses Heute ist Ewigkeit, unveränderlich, unerschöpflich, unzugänglich – zu ihr kann nichts hinzugefügt, sie kann um nichts vermindert werden, und alles, was bei uns entschwindend vergeht, oder durch den Wechsel der Zeiten sich ändert, bleibt bei diesem Jetzt stehen und verharrt dort ohne Bewegung. In diesem Heute ist nämlich noch jener Tag unbeweglich da, an dem diese Welt ihren Ursprung nahm, in diesem ist nichtsdestoweniger auch schon jener, an dem sie nach der Billigkeit des ewigen Richters zu richten ist. Denn in das Licht, das ohne sich anzunähern erleuchtet, was er erwählt hat, und ohne sich zurückzuziehen das, was er verschmäht, verlässt, kommt nicht der Mangel der Veränderlichkeit – unveränderlich in sich selbst bleibend,[89] gibt es allem Veränderlichen seine Ordnung, und das Vergängliche hat es so in sich gegründet, dass, was [einmal] bei ihm gegründet ist, keineswegs vergehen kann. Auch innen verfließt die Zeit unter seinem Anblick nicht, die bei uns draußen durch Äußeres vergeht. So geschieht es, dass in seiner Ewigkeit alles fest bleibt, was die Kreisläufe der Zeiten draußen unentwegt unfest aus sich entlassen. Denn für Gott ist ein Tag seine Ewigkeit. Offenbar sieht der Psalmist weder, dass dieser Tag durch ein Ende beschlossen, noch durch einen Anfang eröffnet wird, wenn er sagt:[90] *Besser ist ein einziger Tag in deinen Vorhöfen, als tausende.*

---

[89] Hier ist der Anklang an Boethius, *Trost der Philosophie*, unüberhörbar: »selbst nimmer bewegt, bewegend das Weltall« (wie FN 49, S. 72), »stabilisque manens das cuncta moveri«, 3. Buch, Metrum 9. – Vgl. auch Dionysius Areopagita, *De divinis nominibus*. Kap. 5, Nr. 10, dt. in: Dionysius Areopagita, *Über alles Licht erhaben. Die Werke*, übers. von Edith Stein, Kevelaer 2015, S. 84.

[90] Ps 83 (84), 11.

Quid est ergo, quod ille non valeat de praeteritis omnibus vel futuris, qui videlicet omnia facta vel facienda sine ullo transitu defigit et statuit in suae praesentia maiestatis? Cui profecto et illud tempus intransibiliter adest, quod ea quae facta sunt antecessit, et illud quod cuncta deinceps futura concludit.

Hinc est enim, quod in his, quae prophetico spiritu dicta sunt in scripturis, saepe reperiuntur praeterita pro futuris poni et longe post agenda velut iam transacta narrari. Unde est, quod passurus per prophetam Dominus ait: *Corpus meum dedi percutientibus et genas meas vellentibus, faciem meam non averti ab increpantibus et conspuentibus in me.* Resurrecturus autem: *Resurrexi et adhuc tecum sum.* De ascensuro quoque atque Spiritus Sancti dona missuro dicitur: *Ascendens in altum captivam duxit captivitatem, dedit dona hominibus,* quia videlicet in oculis illius sapientiae unde ista manabant, omnia tempora simul stant, et futura atque praeterita, ut revera praesentia, fixa atque immobilia semper assistunt. Et tantundem est: *Dederunt in escam meam fel,* quantum et dabunt; et idem est: *Foderunt manus meas et pedes meos,* quod et fodient.

Iam itaque veniant supervacuae quaestionis auctores, immo qui perversorum dogmatum nituntur esse cultores, et dicant: Numquid potest Deus agere, ut quae facta sunt non fuerint? Quibus ego in prima fronte respondeo, quia hoc non est, quod divinae bonitatis est de nihilo aliquid agere, sed de aliquo potius nihil efficere, cum utique scriptum sit: *Omnia per ipsum facta sunt, et sine ipso factum est nihil.* Ego probare volo, quod Deus de nihilo faciat aliquid, tu ostendere niteris, quod de aliquo faciat nihil.

Sed iam, quaeso, cuncta simul evome, omnes pestiferi languoris humores sub unius conamine screatus effunde, ut multiplici morbo unius antidoti sufficiat haustus occurrere, nec ad curationem tui pluribus compellamur confectionum generibus indigere. Age ergo, dic quomodo potest Deus facere de praeteritis, ut quod factum est, factum non fuerit, vel de praesenti quod nunc est, quamdiu est, ut non sit, vel quod omnino futurum est, ut futurum non sit, vel rursus haec

---

[91] Jes 50,6.
[92] Vgl. Ps 138 (139), 18 (abweichender Wortlaut).
[93] Ps 67 (68), 19; Eph 4,8.
[94] Ps 68 (69), 22.
[95] Ps 21 (22), 17.

Was also ist es, was er angeblich nicht kann in Bezug auf alles Vergangene oder Zukünftige, er, der ja alles Geschaffene oder noch zu Schaffende ohne jeden Übergang in der Gegenwart seiner Hoheit festsetzt und beschließt? Dem in der Tat auch jene Zeit noch unvergänglich gegenwärtig ist, die dem, was geschaffen wurde, vorherging, und die, die wiederum alles Zukünftige beschließt.

Daher kommt es nämlich, dass man in dem, was durch den prophetischen Geist in den Heiligen Schriften gesagt wird, häufig findet, dass Vergangenes für Zukünftiges genommen wird und dass, was erst viel später geschehen soll, erzählt wird, als wäre es schon passiert. So sagt der Herr, was er leiden wird, durch den Propheten:[91] *Meinen Leib gab ich denen hin, die mich schlugen, und meine Wangen denen, die mir den Bart ausrissen. Mein Gesicht wendete ich nicht von denen ab, die mich schalten und anspien.* Dass er auferstehen wird:[92] *Ich bin auferstanden, und bin noch bei dir.* Von dem, der in den Himmel auffahren und die Gaben des Heiligen Geistes senden wird, heißt es:[93] *In die Höhe aufsteigend, hat er die Gefangenschaft gefangen mitgenommen, den Menschen hat er Geschenke gegeben.* Denn in den Augen jener Weisheit, woher diese Gaben flossen, stehen alle Zeiten zugleich – die zukünftigen und die vergangenen sind als wahrhaft gegenwärtige, feste und unbewegliche immer da. Und ebenso:[94] *Sie gaben mir Galle zu essen*, für »sie werden mir geben«; und dasselbe ist:[95] *Sie haben meine Hände und meine Füße durchbohrt*, wie »sie werden durchbohren«.

Also sollen sie nur kommen, die Urheber der überflüssigen Frage, die sich vielmehr zu Verfechtern abwegiger Dogmen aufwerfen wollen, und sagen: Ob Gott wohl machen kann, dass, was geschehen ist, nicht geschehen ist?[96] Ich antworte ihnen direkt ins Gesicht: Das ist nicht das, was die göttliche Güte auszeichnet, nämlich aus nichts etwas zu machen, sondern vielmehr aus etwas nichts zu machen, wo doch geschrieben steht:[97] *Alles ist durch Ihn gemacht, und ohne*

---

[96] Nach langem Vorlauf wird nun, ziemlich genau in der Mitte des Textes, die Ausgangsfrage noch einmal gestellt. Sie ist überflüssig (supervacua), denn, wie soeben belegt, kann man antworten: ja, genau das tut Gott die ganze Zeit, das hat er immer schon getan, im Vergleich mit seiner Fülle sind alle Zeiten – ob vergangene, gegenwärtige oder zukünftige – nichts. – Vgl. Fredegisus von Tours, *De nihilo et tenebris*, PL 105, Sp. 755 A: »Quod factum est, effici non potest ut factum non fuerit.«

[97] Joh 1,3.

omnia per contrarium? Quae nobis profecto execrationi[a] potius videntur tradenda quam stilo.

Dic mihi, versutae quaestionis obiector, credis etiam tu, quia quicquid Deus facit bonum est, atque ideo aliquid est, et quicquid ille non facit nihil est? Audi scripturam: *Vidit,* inquit, *Deus cuncta quae fecerat, et erant valde bona.* Et illud: *Sine ipso factum est nihil.* Sed quia hoc negare non potes, assentior, inquis. Tu itaque dum quaeris unam eandemque rem et fuisse et non fuisse, esse et non esse, futuram esse et futuram non esse, niteris profecto quaeque facta vel facienda confundere, et inter esse vel non esse nutantia demonstrare. Quod certum rerum natura non habet. Nihil enim simul potest esse et non esse, sed quod in rerum natura non est, proculdubio nihil est. Quaeris ergo a Deo, durus exactor, ut faciat, quod suum non est, hoc est nihil. Sed ecce evangelista contra te stat dicens, quia *sine ipso factum est nihil.* Deus adhuc non didicit facere nihil. Tu eum doce et praecipe, ut tibi faciat nihil.

Adhuc peto, respondeas: Credis, quaeso, et quod propheta canit, cui scilicet omnia scripturarum testimonia concinunt: *Omnia,* inquit, *quae voluit Dominus, fecit in caelo et in terra, in mari et in omnibus abyssis?* Sed hoc etiam a te negari non posse manifestum est. Cum ergo Deus omnia possit, cur addubitas Deum hoc posse, ut aliquid simul sit et non sit, si hoc fieri bonum est? Porro si inutile est, res quaslibet inter esse et non esse confundi, Deus autem non

---

[a] Diese Lesart ist bei Reindel durch fünf Textzeugen belegt (S. 361, Z. 33 f.); ihr folgen auch Brezzi-Nardi (»exsecrationi«, S. 100, Z. 10) und Cantin (S. 432, Z. 66), während Reindel im Text »excreationi« hat (S. 361, Z. 26).

---

98 Gen 1,31.

99 Joh 1,3.

100 Ps 134 (135), 6.

101 Vgl. Dionysius Areopagita, *De divinis nominibus*, Kap. 5 (Hinweis bei Brezzi-Nardi, S. 102, FN 2).

Ihn ist nichts gemacht. Ich will beweisen, dass Gott aus nichts etwas macht, du möchtest zeigen, dass er aus etwas nichts macht.

Nun also, spei bitte alles auf einmal aus, lass alle Säfte deiner verderblichen Schwäche mit dem Versuch eines einzigen Räusperers heraus, auf dass der Trunk eines einzigen Gegengifts genüge, um der vielfachen Krankheit zu begegnen und wir nicht genötigt sind, zu deiner Heilung mehrere Arten von Präparaten zu brauchen. Los, sag wie Gott vom Vergangenen machen kann, dass das Geschehene nicht geschehen ist, oder vom Gegenwärtigen, dass das, was jetzt ist, während es ist, nicht ist, oder das, was erst in der Zukunft liegt, nicht sein wird – oder auch all das im Gegenteil? Unserer Meinung nach gehört das eher mit Bann belegt als der Feder anvertraut.

Du, der du mir so eine raffinierte Frage stellst, sag mir: Glaubst auch du, dass, was immer Gott macht, gut ist, und dass deswegen etwas ist, und dass alles, was er nicht macht, nichts ist? Höre die Schrift:[98] *Gott sah alles, was er gemacht hatte, und es war sehr gut.* Und jenes:[99] *Ohne Ihn ist nichts gemacht.* Aber weil du das nicht leugnen kannst, sagst du »ich gebe es zu«. Wenn du deshalb verlangst, ein und dieselbe Sache soll gewesen und nicht gewesen sein, sein und nicht sein, zukünftig sein und nicht zukünftig sein, so bemühst du dich ja geradewegs, alles Geschaffene oder noch zu Schaffende durcheinanderzubringen, und als zwischen Sein und Nichtsein schwankend zu erweisen. Gewiss duldet die Natur der Dinge so etwas nicht. Denn nichts kann gleichzeitig sein und nicht sein, sondern was es nicht in der Natur der Dinge gibt, das ist zweifelsohne nichts. Du verlangst also von Gott, o strenger Eintreiber, er solle machen, was nicht sein ist, nämlich nichts. Aber sieh da, der Evangelist steht gegen dich und sagt, dass *ohne Ihn nichts gemacht ist.* Gott hat es noch nicht gelernt, nichts zu machen. Lehre du ihn und befiehl ihm, dass er dir nichts macht!

Weiter – antworte bitte: Glaubst du, frage ich, was auch der Prophet verkündet, dem ja alle Zeugnisse der Schrift beistimmen:[100] *Alles, was Gott wollte, hat er im Himmel und auf Erden gemacht, im Meer und in allen Abgründen?* Aber auch das kann von dir offensichtlich nicht geleugnet werden. Da also Gott alles vermag, warum bezweifelst du, dass Gott machen kann, dass etwas gleichzeitig ist und nicht ist, wenn es gut ist, dass das geschieht?[101] Ferner, wenn es unnütz ist, dass alle möglichen Dinge zwischen Sein und Nicht-Sein undefinierbar werden: Gott hat doch nichts Unnützes, sondern alles

inutilia sed bona omnia fecit. Immo si malum est ac per hoc nihil est, hoc Deus omnino non facit, quia *sine ipso factum est nihil.*

Huc accedit, quia voluntas summi et omnipotentis opificis tam efficax causa est rebus existendi vel non existendi, ut quod ille vult esse, non possit non esse, et quod non vult esse, non valeat esse. Virtus quippe Dei fecit, ut quod constituit fuisse, iam non valeat non fuisse, et quod constituit esse, quamdiu est, non valeat non esse, et quod constituit futurum esse, iam non valeat futurum non esse. Unde ergo virtus Dei potentior et mirabilior esse perpenditur, inde a stulte sapientibus inpos et invalida iudicatur? Si enim quicquid est, ab ipso est, ipse rebus hanc vim existentiae contulit, ut postquam semel extiterint, non extitisse non possint.

11. Quod et qui mala faciunt et mala quae fiunt non esse dicenda sunt

Mala autem quaelibet, sicut sunt iniquitates et scelera, etiam cum videntur esse, non sunt, quia a Deo non sunt, ac propterea nihil sunt, quod videlicet Deus omnino non fecit, *sine quo factum est nihil.* Quapropter si quid boni factum est ab hominibus, perdere suum esse vel fuisse non potest, quia opus Dei est, etiamsi per homines factum est. Unde propheta dicit: *Omnia enim opera nostra operatus es nobis.* Opera quippe bona et Dei sunt et nostra, quoniam ille operatur in nobis, qui effectum tribuit operandi. Et Salomon: *In manu,* inquit, *illius et nos et sermones nostri et omnis sapientia et operum scientia et disciplina. In illo etiam,* sicut ait apostolus, *vivimus, movemur, et sumus.*

Quod si malum factum est, etiam tunc nihil erat, cum esse videbatur. Hinc est, quod ipsos malitiae ac pravitatis auctores apud in-

---

[102] Vgl. Augustinus, *Dreiundachtzig verschiedene Fragen. De diversis quaestionibus octoginta tribus*, übers. von C. J. Perl, Paderborn 1972, S. 10 f. (Frage 6).

[103] Der Gedanke ist in ebendieser Schärfe bereits formuliert bei Boethius, *Trost der Philosophie*, s. o., FN 49.

[104] Jes 26,12.

[105] Weish 7,16. Das dritte Element der Aufzählung (»et disciplina«, hier übersetzt mit »Lehre«) fehlt im Text der *Nova Vulgata*, es steht in der *Versio antiqua* (»… et operum scientiae disciplina«).

hat er gut gemacht.[102] Wenn es hingegen schlecht ist und daher nichts ist: so macht Gott es überhaupt nicht, denn *ohne Ihn ist nichts gemacht.*

Es kommt hinzu, dass der Wille des höchsten und allmächtigen Schöpfers eine so wirkmächtige Ursache für die Dinge ist, zu existieren oder nicht zu existieren, dass das, von dem er will, dass es ist, nicht nicht sein kann – und das, von dem er nicht will, dass es ist, nicht zu sein vermag. Denn die Macht Gottes hat bewirkt, dass das, dem er das Gewesensein verliehen hat, nicht mehr nicht gewesen sein kann, und was er ins Sein gestellt hat, solange es ist, nicht nicht sein kann, und dass, was er als zukünftig seiend beschlossen hat, nicht mehr nicht zukünftig sein kann. Aus dem Grund also, aus dem Gottes Macht sich umso größer und wunderbarer erweist, wird sie von den auf törichte Art Weisen als ohnmächtig und unzulänglich beurteilt? Denn wenn alles, was ist, von ihm ist, hat er selbst den Dingen die Kraft zu existieren verliehen, so dass sie, wenn sie einmal existiert haben, nicht mehr nicht existiert haben können.

11. Dass man sowohl die, die Übles tun, als auch das, was Übles geschieht, als nicht-seiend bezeichnen muss[103]

Alle Übel aber, wie z. B. Ungerechtigkeiten und Verbrechen, sind – obwohl sie zu sein scheinen – nicht. Denn sie sind nicht von Gott, und daher sind sie nichts, und das hat Gott auf keinen Fall gemacht, *ohne den nichts gemacht ist.* Wenn daher von Menschen etwas Gutes gemacht worden ist, kann es sein Sein bzw. Gewesensein nicht verlieren – auch wenn es durch Menschen gemacht ist. Daher sagt der Prophet:[104] *Denn du hast für uns all unsre Werke gewirkt.* Die guten Werke sind nämlich sowohl Gottes als auch unsere, weil ja er in uns wirkt, der die Wirkung des Handelns verleiht. Und Salomon spricht:[105]

In seiner Hand sind wir und unser Reden, und alle Weisheit und Wissen und Lehre der Werke. Denn in ihm, wie der Apostel sagt,[106] *leben wir, bewegen wir uns und sind wir.*

Wenn etwas Schlechtes gemacht wurde, so war es auch damals schon nichts, als es [etwas] zu sein schien. So kommt es – die Schrift

---

[106] Apg 17,28.

feros conqueri scriptura testatur: *Transierunt,* inquiunt, *omnia illa tamquam umbra et tamquam nuntius praecurrens et tamquam navis, quae transiit fluctuantem aquam, cuius cum pertransierit non est vestigium invenire neque semitam carinae illius in fluctibus.* Semita namque in fluctibus facta mox deficit. Unde rursus dicunt: *Aut tamquam avis quae transvolat in aere, nullum invenitur argumentum itineris illius.* Tertium quoque non dissimile his rursus apponunt: Aut tamquam sagitta emissa in locum destinatum, divisus aer continuo in se reclusus est, et ignoratur transitus illius. Vestigium certe navis et avis et sagittae transitus mox ut fiunt, ilico recluduntur, sic quilibet iniqui mox ut incipiunt, praesto deficiunt. Unde subiungunt: *Sic et nos nati continuo desivimus esse.* Immo ipso momento quo videntur esse, non sunt, quia ab illo, qui vere est, longe sunt. Quo contra de viro iusto dicitur: *Consummatus in brevi explevit tempora multa, quia placita erant Domino opera illius.* De illis autem: *Deiecisti,* inquit, *illos dum allevarentur.* Non ait, postquam allevati sunt, sed dum allevarentur, quia per hoc inanescunt, per quod intumescunt, inde corruunt, unde sublimes fiunt. Non itaque hoc asserendum est, quod postquam ad extrema deveniunt, tunc nihil fiunt, sed tunc proculdubio sunt nihil, cum videntur aliquid. Nihil apud testimonium veritatis, aliquid in umbra caliginis.

Adhuc fortassis epulabatur ille splendide, fulciebatur cuneis obsequentium, ambiebatur agminibus bellatorum, quem propheta *superexaltatum et elevatum* vidit; moxque ad contemplandum summa pertransiens, quem magnum aliquid forte crediderat, nihil esse cognovit. Hinc est enim, quod scriptum est: *Quoniam spes impii tamquam lanugo est, quae a vento tollitur, et tamquam spuma gracilis, quae a procella dispergitur, et tamquam fumus, qui a vento diffusus est, et tamquam memoria hospitis unius diei praetereuntis.* Nam qui tot momentanearum rerum exempla congessit, omnem reproborum

---

[107] Weish 5,9 f.
[108] Weish 5,11.
[109] Weish 5,12.
[110] Weish 5,13.
[111] Weish 4,13 f. – Reindel (S. 364, FN 67) weist darauf hin, dass in der *Vulgata* statt »opera« (Werke) »anima« (Seele) steht.
[112] Ps 72 (73), 18. Damiani benutzt wieder die *Versio antiqua.*
[113] Anklang an Lk 16,19.
[114] Psalm 37 (36), 35; s. o., FN 48.

bezeugt es –, dass die Urheber von Bosheit und Ungerechtigkeit sich in der Hölle beklagen:[107] *Vorübergegangen*, sagen sie, *ist all jenes wie Schatten und wie ein Bote, der vorauseilt, wie ein Schiff, das die Wogen durchquert hat und von dem, sobald es vorbeigefahren ist, keine Spur zu finden ist, auch kein Pfad seines Kiels in den Fluten*. Denn ein Pfad in den Fluten verschwindet bald. Daher sagen sie auch:[108] *Oder wie ein Vogel, der durch die Luft fliegt, kein Zeichen findet sich von seiner Bahn*. Und noch ein Drittes, was dem nicht unähnlich ist, fügen sie hinzu:[109] *Oder wie, wenn ein Pfeil nach dem Ziel abgeschossen wurde, die geteilte Luft sich gleich wieder geschlossen hat, und man nichts von seinem Durchgang weiß*. Gewiss, die Spur des Schiffs und der Durchgang des Vogels und des Pfeils hören sobald wieder auf, wie sie geschehen: so verschwinden die Ungerechten sobald, wie sie anfangen. Daher heißt es weiter:[110] *So auch wir, kaum geboren, haben wir schon zu sein aufgehört*. Ja bereits in demselben Augenblick, in dem sie zu sein scheinen, sind sie nicht, da sie von dem, der wahrhaft ist, weit weg sind. Im Gegensatz dazu heißt es vom gerechten Mann:[111] *Vollendet in kurzer Frist, hat er doch lange Zeiten erfüllt. Denn wohlgefällig waren seine Werke dem Herrn*. Von ihnen aber:[112] *Du hast sie niedergeworfen, während sie sich aufrichteten*. Er sagt nicht: nachdem sie sich aufgerichtet hatten, sondern während sie sich aufrichteten – denn indem sie sich aufblasen, werden sie leer; sie gehen zugrunde, indem sie überheblich werden. Deshalb muss es nicht heißen: nachdem sie das Ende erreicht haben, werden sie zu nichts, sondern zweifelsohne sind sie bereits nichts, während sie noch etwas zu sein scheinen. Nichts nach dem Zeugnis der Wahrheit, etwas im Schatten der Finsternis.

Noch feierte jener in Pracht,[113] fand Halt bei Mengen von Hörigen, war umgeben von Scharen von Kriegern – er, den der Prophet[114] *triumphierend und erhoben* sah; und als er bald wieder vorbeikam, um alles zu betrachten, da erkannte er, dass der, den er vielleicht für etwas Großes gehalten hatte, nichts war. Daher steht auch geschrieben:[115] *Die Hoffnung des Frevlers ist wie die Spreu, die der Wind verweht, wie der Gischt, den der Sturm verjagt; wie der Rauch, den der Wind zerstäubt, und wie die Erinnerung an einen Gast, der nur einen Tag bleibt und weiterzieht*. Denn wer so viele Beispiele für vergängliche Dinge zusammentrug, hat damit zum Ausdruck gebracht, dass

[115] Weish 5,14.

gloriam non tam vile quid esse quam nihil esse signavit. Mala ergo, etiam cum videntur esse, non sunt, quia a bono creatore facta non sunt, et ab eo, qui vere et summe est, procul sunt.

Bona autem, id est ea quae bonus artifex condidit, ut tu quisquis es, quaeris, esse simul et non esse non possunt, quia in rerum natura, quas rationabilis artifex esse constituit, alternitas ista non invenit locum. Quia enim inter esse et non esse confundi malum est ac potius nihil est, idcirco a bono creatore, qui bona omnia fecit, alternitatis ista confusio facta non est.

In malis autem potest utcumque videri haec confusionis alternitas, quae certe videntur esse et non sunt, atque ideo quasi sunt et non sunt. Sunt quidem in superficie coloris, non autem in iudicio veritatis, quamquam et ipsis malis non possumus hanc diversitatem exacte concedere, ut simul sint et non sint, quia videntur esse, sed non sunt, atque ideo verius dicuntur semper non esse, quam et esse et non esse.

12. Quod omnia Deus potest, sive faciat sive non faciat

Manifestum est igitur alternitatem istam, de qua quaeritur, scilicet utrum possit credi aliquid fuisse simul et non fuisse, esse et non esse, futurum esse et futurum non esse, naturis existentium rerum nulla posse ratione congruere, ad solas autem verborum pugnas, quae de disserendi ac ratiocinandi fiunt consequentiis pertinere. Quamobrem indubitabili fide credendum est omnia Deum posse, sive faciat sive non faciat. Nam quod malum est, potius debet dici nihil quam aliquid, atque ideo nihil praeiudicat, si dicamus omnia Deum posse, licet mala non possit, cum mala non intra omnia, sed extra omnia potius debeant supputari.

Hinc est, quod saepe divina virtus armatos dialecticorum syllogismos eorumque versutias destruit, et quae apud eos necessaria iam atque inevitabilia iudicantur, omnium philosophorum argumenta confundit. Audi syllogismum: Si lignum ardet, profecto uritur; sed

aller Ruhm der Verworfenen nicht so sehr eitel, sondern vielmehr nichts ist. Das Schlechte also, auch wenn es zu sein scheint, ist nicht, weil es nicht vom guten Schöpfer gemacht ist – und von ihm, der wahrhaft und zuhöchst ist, ist es weit weg.

Das Gute aber, d.h. was der gute Schöpfer gestiftet hat – das kann nicht, wie du, wer auch immer du seist, verlangst, sein und gleichzeitig nicht sein. Denn in der Natur der Dinge, die der vernünftige Schöpfer ins Sein gestellt hat, findet dieses Alternieren keinen Platz. Denn zwischen Sein und Nicht-Sein undefinierbar werden ist schlecht und vielmehr nichts – daher ist diese Verwirrung des Hin und Her nicht vom guten Schöpfer gemacht worden.

Beim Schlechten aber kann sich dieses Hin und Her der Verwirrung zeigen, das freilich zu sein scheint und doch nicht ist – und daher ist es quasi und ist nicht. Es ist allerdings auf der Oberfläche des Aussehens, nicht nach dem Urteil der Wahrheit, obwohl wir nicht einmal dem Schlechten, genau genommen, diese Andersheit zugestehen können, gleichzeitig zu sein und nicht zu sein – denn es scheint zu sein, ist aber nicht. Und daher ist es wahrer zu sagen, dass es immer nicht ist, statt zu sein und nicht zu sein.

12. Dass Gott alles kann, ob er es nun tut oder nicht

Es ist also klar, dass dieses Alternieren, das Gegenstand der Frage ist, nämlich ob man glauben kann, etwas sei gleichzeitig gewesen und nicht gewesen, sei und sei nicht, werde sein und werde nicht sein, keineswegs zur Natur der existierenden Dinge passen kann, sondern nur zum Kampf um Worte gehört, der über die Folgerichtigkeit des Erörterns und Schließens ausgefochten wird. Daher ist mit unbezweifelbarem Glauben daran festzuhalten, dass Gott alles kann, ob er es nun tut oder nicht. Denn was schlecht ist, muss eher nichts genannt werden als etwas, und daher steht nichts entgegen, wenn wir sagen, Gott könne alles – obwohl er das Schlechte nicht kann, denn das Schlechte muss nicht innerhalb, sondern vielmehr außerhalb von allem angenommen werden.

So kommt es, dass die göttliche Kraft häufig die bewaffneten Syllogismen der Dialektiker und ihre Kniffe zunichtemacht, und was bei ihnen als notwendig und unvermeidlich gilt – alle Argumente der Philosophen – erschüttert. Höre den Syllogismus: Wenn das Holz

ardet, ergo et uritur. Sed ecce Moyses videt rubum ardere et non comburi. Rursus si lignum praecisum est, non fructificat; sed praecisum est, non ergo fructificat. Sed ecce virga Aaron in tabernaculo contra naturae ordinem reperitur amigdalas protulisse.

Alioquin quid est tot in Aegypto Pharaoni magnalia ac signa portendere, fidelium catervas Aegyptiis pereuntibus per divisum mare transferre, largissima fluenta ex aridi saxi rupe producere, Iericontina moenia non armis frementibus sed tubis clangentibus dissipare? Postremo quid est in stuporem omnium saecolurum, solem in caelo ad imperium Iosue per unius diei spatium sistere, per Ezechiam vero decem ad orientem lineis revocare, circa tres pueros furentis incendii vires extinguere, circa Danielem vero cruentos leonum rictus et rabida ora frenare? Quid, inquam, haec omnia sunt, nisi frivola sapientium huius mundi sensa confundere et contra naturae consuetudinem divinae virtutis gloriam mortalibus revelare?

Veniant dialectici, sive potius ut putantur haeretici, ipsi viderint, veniant, inquam, verba trutinantes, quaestiones suas buccis concrepantibus ventilantes, proponentes, assumentes, et ut illis videtur inevitabilia concludentes, ac dicant: Si peperit, concubuit; sed peperit, ergo concubuit. Numquid hoc ante redemptionis humanae mysterium non videbatur inexpugnabilis roboris argumentum? Sed factum est sacramentum, et solutum est argumentum.

Et quidem poterat Deus et foetare virginem ante ruinam et reparare virginem post ruinam. Utrumque scilicet bonum erat, sed licet

[116] Vgl. Ex 3,2.
[117] Vgl. Num 17,23.
[118] Ex 7–11.
[119] Vgl. Ex 14.
[120] Vgl. Ex 17.
[121] Vgl. Jos 6.
[122] Vgl. Jos 10,12 f.
[123] Vgl. 2 Kön 20,8–11; Jes 38,8.
[124] Vgl. Dan 3,46–50.
[125] Vgl. Dan 6,17–25.
[126] Cantin (S. 444, FN 1) weist darauf hin, dass hier die Terminologie von Boethius, *De syllogismo hypothetico libri duo*, I, PL 64, Sp. 844 A, zum Einsatz kommt. Die Bestandteile des Syllogismus, die Damiani hier mit Verben wiedergibt (proponentes, assumentes, concludentes), stehen bei Boethius in substantivischer Form: propositio, assumptio, conclusio (zit. bei Cantin, S. 210, FN 1).

brennt, verbrennt es in der Tat; es brennt aber, folglich verbrennt es auch. Doch siehe da: Moses sieht, dass der Dornbusch brennt und nicht verbrennt.[116] Oder: Wenn das Holz abgeschnitten ist, bringt es keine Frucht; es ist aber abgeschnitten, folglich bringt es keine Frucht. Doch siehe da: entgegen der Ordnung der Natur stellt sich heraus, dass der Stab des Aaron im Offenbarungszelt Mandeln hervorgebracht hat.[117]

Was sollte es sonst bedeuten, in Ägypten dem Pharao so viele Wunder und Zeichen anzukündigen,[118] die Mengen der Gläubigen durch das geteilte Meer zu bringen,[119] wobei die Ägypter umkamen, gewaltige Wassermengen aus dem spröden Stein des Felsens herauszuholen,[120] die Mauern Jerichos nicht mit Waffengeklirr, sondern mit Posaunenschall zu zerstören?[121] Schließlich, was bedeutet es, zum Erstaunen aller Zeiten die Sonne auf den Befehl Josuas einen Tag lang am Himmel stehen zu lassen,[122] durch Ezechias aber um zehn Stufen nach Osten zurückzurufen,[123] die Kräfte des Feuers, das gegen die drei Knaben wütete, auszulöschen,[124] das blutrünstige Gebrüll der Löwen gegen Daniel aber und ihre wilden Mäuler zu besänftigen?[125] Was, sage ich, bedeutet all das, wenn nicht, die dreisten Ansichten der Weisen dieser Welt zuschanden werden zu lassen und gegen die Gewohnheit der Natur den Sterblichen den Ruhm der göttlichen Kraft zu offenbaren?

Sollen sie doch kommen, die Dialektiker (oder eher Häretiker, wie man annimmt) – mögen sie selber sehen. Sollen sie kommen, sage ich, die die Worte auf die Waage legen, ihre Fragen vollmundig ventilieren, den Obersatz aufstellen, den Untersatz dazu nehmen, und – wie es ihnen scheint – das Unvermeidliche schließen,[126] und mögen sie sagen: Wenn sie geboren hat, hat sie mit einem Mann geschlafen; sie hat aber geboren, folglich hat sie mit einem Mann geschlafen.[127] Schien vor dem Geheimnis der Erlösung der Menschen dieses Argument nicht von unbesiegbarer Stärke? Aber das Geheimnis ist geschehen, und das Argument ist obsolet geworden.

Und freilich konnte Gott sowohl eine Jungfrau vor ihrer Entjungferung schwanger werden lassen, als auch eine verlorene Jungfräu-

---

[127] Dieser Syllogismus findet sich bereits bei Cicero und wird bei Marius Victorinus kommentiert – vgl. Brezzi-Nardi, S. 112, FN 5; auch bei Boethius ist er präsent (*De differentiis topicis*, III, PL 64, Sp. 1198 C; Hinweis bei Cantin, S. 210, FN 2).

eatenus neutrum fecerat, utrumque posse facere proculdubio credendus erat. Et certe mirabilius est et valde praecellentius virginem incorruptam manere post partum, quam corruptam ad virginale decus redire post lapsum; quia et maius est, quemlibet clausis ianuis ingredi, quam eas, quae patuerant, ianuas claudi. Si ergo natus ex virgine redemptor noster, quod maius est et longe praestantius, fecit, quod minus est, corruptam quamlibet redintegrare non poterit? Potuit Deus homo ex utero virginali salva virginitate procedere, non poterit violatae virginitatis dispendium reparare? Quomodo ergo restauratur homicida, ut post dignam paenitentiam iam non sit homicida? Quomodo fur, quomodo periurus, quomodo raptor, quomodo certe omnium criminum rei, postquam se veraciter corrigunt, iam non sunt, quod fuerunt? Unde scriptum est: *Verte impios, et non erunt.*

Sed dicis: Fateor, inquam, quia corrupta quaelibet post paenitentiam iam non est quod fuit, ut videlicet fornicationis subeat notam, verumtamen ad virginitatis iam non revertitur gloriam. Et ego e contra respondeo, quia qui potuit ex materno utero inlaesa virginitate procedere, valet etiam si vult in violata qualibet virginitatis signaculum reformare.

13. Quod naturae conditor naturae sit etiam immutator

Proponatur adhuc superstitiosae quaestionis obloquium. Videatur etiam, ex qua sit radice productum, quatinus,[a] ne praecipiti raptu uberes sincerae fidei fruges obruat, hiatu terrae dignus cum ipso suo fonte rivus arescat. Ad affirmandum namque quod Deus nequeat virginem reparare post lapsum, quasi consequenter adiciunt: Numquid enim potest Deus agere, ut quod factum est, factum non fuerit?

---

[a] Komma eingefügt nach Cantin, S. 446, Z. 5.

---

[128] Anspielung auf Joh 20,26.
[129] Spr 12,7.

lichkeit wiederherstellen. Beides war nämlich gut, und obwohl er bisher keines von beiden gemacht hatte, musste man doch zweifelsohne glauben, dass er beides machen konnte. Und gewiss ist es bewundernswerter und weit hervorragender, dass eine Jungfrau nach der Geburt unbeschädigt bleibt, als dass die einmal beschädigte nach dem Fall zur jungfräulichen Zierde zurückkehrt – denn größer ist es auch, dass jemand bei geschlossenen Türen eintritt,[128] als dass die Tür, die offengestanden hatte, geschlossen wird. Wenn also unser Erlöser, der von einer Jungfrau geboren wurde, gemacht hat, was größer und bei weitem hervorragender ist – sollte er nicht imstande sein, was weniger ist, eine beschädigte wieder ganz zu machen? Der Gottmensch konnte aus dem jungfräulichen Mutterschoß ohne Beschädigung der Jungfräulichkeit hervorgehen – sollte er nicht den Verlust einer vergewaltigten Jungfräulichkeit wiedergutmachen können? Wie wird denn der Mörder wiederhergestellt, so dass er nach einer würdigen Reue kein Mörder mehr ist? Wie sind denn der Dieb, wie der Meineidige, wie der Räuber, wie doch die aller Verbrechen Angeklagten, nachdem sie sich wahrhaft gebessert haben, nicht mehr, was sie waren? Daher steht geschrieben:[129] *Bekehre die Gottlosen, und sie werden (es) nicht mehr sein.*

Du aber sprichst: Ich gebe zu, sage ich, dass eine Entjungferte nach der Reue nicht mehr ist, was sie war, nämlich dass sie nicht mehr den Makel der Unzucht trägt – und doch kehrt sie zum Ruhm der Jungfräulichkeit nicht zurück. Und ich antworte Dir im Gegenteil, dass der, der aus dem Mutterschoß ohne Verletzung der Jungfräulichkeit hervorgehen konnte, auch, wenn er will, in einer Vergewaltigten das Siegel der Jungfräulichkeit wiederherstellen kann.

13. Dass der Begründer der Natur sie auch verändert

Also noch einmal zum Einspruch der auf Irrglauben beruhenden Frage. Und sehen wir auch zu, aus welcher Wurzel er entsprungen ist, damit der Bach – dass er nicht in überstürztem Raub die reichen Früchte des rechtschaffenen Glaubens wegspült –, eines Erdspalts würdig, mit seiner Quelle austrockne. Denn der Behauptung, Gott könne eine Jungfrau nach dem Fall nicht wiederherstellen, fügen sie, als würde es daraus folgen, hinzu: Kann denn Gott etwa machen, dass das, was geschehen ist, nicht geschehen ist? So als ob, wenn

Tamquam si semel constet, ut fuerit virgo corrupta, iam nequeat fieri, ut rursus sit integra.

Quod certe quantum ad naturam verum est statque sententia; factum quoque aliquod fuisse et factum non fuisse unum idemque inveniri non potest. Contraria quippe invicem sunt, adeo ut si unum sit, alterum esse non possit. Nam quod fuit, non potest vere dici quia non fuit, et e diverso quod non fuit, non recte dicitur quia fuit. Quae enim contraria sunt in uno eodemque subiecto congruere nequeunt.

Haec porro impossibilitas recte quidem dicitur, si ad naturae referatur inopiam; absit autem, ut ad maiestatem sit applicanda divinam. Qui enim naturae dedit originem, facile cum vult naturae tollit necessitatem. Nam quae rebus praesidet conditis, legibus subiacet conditoris, et qui naturam condidit, naturalem ordinem ad suae ditionis arbitrium vertit. Quique creata quaelibet dominanti naturae subesse constituit, suae dominationis imperio naturae obsequentis oboedientiam reservavit.

Consideranti plane liquido patet, quoniam ab ipso mundi nascentis exordio rerum conditor in quod voluit naturae iura mutavit, immo ipsam naturam, ut ita dixerim, quodammodo contra naturam fecit. Numquid enim contra naturam non est mundum ex nihilo fieri, unde et a philosophis dicitur, quia ex nihilo nihil fit? Animalia non ex animalibus, sed ex stolidis elementis solo iussionis imperio creari? Dormientem hominem costam perdere, nec dolere? De solo viro feminam sine femina fieri et in una costa omnia hominis membra distingui? Mutuo se nudos aspicere et non modo non erubescere, sed nequidem nosse? Et multa alia quae persequi longum est.

Quid ergo mirum si is, qui naturae legem dedit et ordinem, super

---

[130] Das ist die Lehre vom zu vermeidenden Widerspruch, wie sie Aristoteles formuliert hat: »Daß nämlich dasselbe demselben in derselben Beziehung […] unmöglich zugleich zukommen und nicht zukommen kann, das ist das sicherste unter allen Prinzipien«. Aristoteles, *Metaphysik*, IV, 3 (1005 b 19–23); ed. Horst Seidl, 2. Aufl. Hamburg 1982, S. 137. Entgegen anderslautenden Behauptungen wird sie von Damiani nicht angetastet. – Reindel (S. 368, FN 75) verweist auf Macrobius, *Commentariorum in Somnium Scipionis libri duo,* II, 14, 25; ed. Mireille Armisen-Marchetti, Bd. 2, Paris 2003, S. 63.

[131] Die Natur herrscht über das Geschaffene und wird ihrerseits von Gott beherrscht: hier zeigt sich eine Verwandtschaft zur Unterscheidung von »natura naturans« und »natura naturata« des Johannes Scottus Eriugena.

[132] Vgl. Aristoteles, *Physik*, I, 8 (191 a 30 f., 191 b 13 f.); 1. Halbband, ed. Horst Seidl, Hamburg 1987, S. 42 f.

einmal feststeht, dass die Jungfrau entehrt wurde, es nicht mehr geschehen könne, dass sie wieder unversehrt wird.

Was die Natur betrifft, so ist das gewiss wahr, und der Satz bleibt bestehen; auch kann man nicht finden, dass etwas geschehen und ein und dasselbe nicht geschehen ist. Denn das ist einander entgegengesetzt, so dass, wenn das eine ist, das andere nicht sein kann. Denn was gewesen ist, von dem kann man nicht in Wahrheit sagen, es sei nicht gewesen, und entsprechend: was nicht gewesen ist, von dem kann man nicht mit Recht sagen, es sei gewesen. Gegensätze können nämlich nicht in einem und demselben Träger zusammen bestehen.[130]

Diese Unmöglichkeit heißt freilich zurecht so, wenn sie auf den Mangel der Natur bezogen wird; fern sei aber, sie auf die göttliche Hoheit anzuwenden. Denn wer der Natur ihren Ursprung gegeben hat, hebt leicht, wenn er will, die Notwendigkeit der Natur auf. Denn sie, die die geschaffenen Dinge regiert, unterliegt den Gesetzen des Schöpfers, und wer die Natur geschaffen hat, richtet die natürliche Ordnung nach seinem Machtwillen aus. Und der, der alles Geschaffene der herrschenden Natur unterstellt hat, hat dem Befehl seiner Herrschaft den Gehorsam der folgsamen Natur vorbehalten.[131]

Dem Nachdenkenden wird allerdings völlig klar, dass der Schöpfer der Dinge schon seit der Entstehung der Welt die Rechte der Natur nach seinem Belieben geändert hat – ja dass er die Natur sogar, wenn ich so sagen darf, in gewisser Weise gegen die Natur geschaffen hat. Ist es etwa nicht gegen die Natur, dass die Welt aus nichts entsteht – weshalb die Philosophen sagen, dass aus nichts nichts wird?[132] Oder dass Lebewesen nicht aus Lebewesen, sondern aus tauben Elementen nur kraft Befehls geschaffen werden?[133] Dass ein schlafender Mensch eine Rippe verliert und dabei keinen Schmerz empfindet?[134] Dass nur aus einem Mann ohne Frau eine Frau wird und in einer Rippe alle Glieder des Menschen zu unterscheiden sind? Dass sie einander nackt erblicken und nicht nur nicht erröten, sondern es nicht einmal merken? Und vieles andere, dem nachzugehen zu weit führen würde.

Was aber ist daran verwunderlich, wenn der, der der Natur Gesetz und Ordnung gegeben hat, über ebendiese Natur seine Herrschaft

133 Offenbar eine Anspielung auf die Schaffung Adams aus Lehm, Gen 2,7.

134 Die Erschaffung Evas, Gen 2,21 f.

eandem naturam sui nutus exerceat ditionem, ut ei naturae necessitas non rebellis obsistat, sed eius substrata legibus velut ancilla deserviat? Ipsa quippe rerum natura habet naturam suam, Dei scilicet voluntatem, ut sicut illius leges quaelibet creata conservant, sic illa cum iubetur sui iuris oblita, divinae voluntati reverenter oboediat.

Quid est enim hodieque quod cernimus, quoniam salamandra in ignibus vivit, et non modo laesionem adustione non patitur, sed tamquam fomentis insuper vegetatur? Quidam quoque vermiculi in ferventissimis aquis et nascuntur et vivunt. Quid est quod palea tam frigida est, ut obrutas nives diutissime servet, tam calida, ut poma quaelibet acerba maturet? Quid est quod ignis, cum ipse sit lucidus, quaelibet ab eo fuerint adusta nigrescunt, et cum ipse resplendeat, quicquid et ambit et lambit, pulcherrimus decolorat? Verumtamen lapides igne candente percocti et ipsi sunt candidi, et quamvis ille rubeat, illi flammis albescant, luci tamen congruit album, tenebris nigrum. Cumque ignis in lignis ardeat, lapides coquat, contrarios habet in non contrariis rebus effectus. Licet enim sint lapides et ligna diversa, constat tamen non esse contraria, sicut album et nigrum, quorum in lapidibus unum, in lignis exhibet alterum. Illos enim clarificat, haec offuscat, dum in illis omnino deficeret, nisi in istis viveret. Cur etiam in carbonibus tanta infirmitas, ut ictu levissimo frangantur, pressu facillimo conterantur, et tanta firmitas, ut nullo humore corrumpantur, nulla prorsus aetate vincantur, usque adeo, ut eos substernere soleant, qui limites figunt, quatinus litigantes eorum ostensione convincant, si qui post annosa temporum ac diuturna curricula fixum lapidem limitem non esse contendant? Quis enim eos infossos humidae foveae, ubi ligna putrescerent, tamdiu durare

---

[135] Diese für Damiani zentrale Formel findet sich vorgebildet bei Augustinus, *De civitate Dei*, XXI, 8. Sie ist u.a. auch belegt in einem Brief des Ascelin an Berengar von Tours: PL 150, Sp. 67 D: »neque enim aliud naturam dixerim quam Dei voluntatem« (J. Gonsette, *Pierre Damien et la culture profane*, Louvain/Paris 1956, S. 50, FN 3). – Eine französische Übersetzung des Briefes findet sich in: A. Clerval, *Les écoles de Chartres au moyen-âge*, Paris 1895 (Nachdruck Frankfurt a.M. 1965), S. 137–140, hier S. 138.

[136] Das Beispiel vom Salamander sowie die folgenden sind zum Großteil aus Augustinus, *De civitate Dei*, XXI, 4–8, übernommen. Vgl. André Cantin, *Les Sciences séculières et la foi*, Spoleto 1975, S. 574–586.

[137] Damiani zitiert die Satzteile »cum ipse sit lucidus«, »quae ambit et lambit, colore pulcherrimus decolorat« wörtlich, wobei er »colore« weglässt. Wir ha-

mit einem Wink ausübt, so dass die Notwendigkeit der Natur sich ihm nicht rebellisch widersetzt, sondern, seinen Gesetzen unterworfen, wie eine Magd dient? Denn die Natur der Dinge hat selbst ihre Natur, nämlich den Willen Gottes,[135] so dass, wie alles Geschaffene seine Gesetze beachtet, so jene, wenn ihr befohlen wird, ihres Rechts vergessend, ehrfürchtig dem göttlichen Willen gehorcht.

Was heißt es denn, was wir auch heute sehen, dass der Salamander[136] sich im Feuer aufhält, und nicht nur keine Brandverletzung erleidet, sondern sogar durch die Hitze belebt wird? (Es gibt auch Würmer, die in kochend heißem Wasser geboren werden und leben.) Was ist damit, dass das Stroh so kalt ist, dass es Schnee, den man damit bedeckt, sehr lange erhält, und so warm, dass es jedes saure Obst zur Reife bringt? Was ist damit, dass, während das Feuer selbst hell ist, alles, was von ihm gebrannt wird, schwarz wird, und während es selbst von herrlichster Farbe[137] widerstrahlt, was es ergreift und beleckt, entfärbt? Indes, Steine, die in weiß machendem Feuer erhitzt wurden, sind auch selber weiß, und obwohl dieses rot wird, werden jene in den Flammen weiß – dennoch passt zum Licht das Weiße, zum Dunkel das Schwarze. Und während das Feuer im Holz brennt, um die Steine zu erhitzen, hat es gegensätzliche Wirkungen auf nicht gegensätzliche Dinge.[138] Denn obwohl Stein und Holz verschieden sind, sind sie bekanntlich doch nicht gegensätzlich, wie Weiß und Schwarz, von denen es bei den Steinen das eine, beim Holz das andere zeigt. Denn jene macht es hell, dieses dunkel – während es in jenen gänzlich erlöschen würde, wenn es nicht in diesem lebte. Warum auch in der Kohle so viel Schwäche, dass sie beim leisesten Stoß bricht, mit dem leichtesten Druck zerrieben wird – und so viel Stärke, dass ihr keine Feuchtigkeit etwas anhaben kann, sie durch kein Alter bezwungen wird; und das so sehr, dass diejenigen, die Grenzsteine setzen, Kohlen unterzulegen pflegen, um etwa Streitende durch ihren Anblick zu überzeugen, falls jemand, nachdem lange Zeitläufe verflossen sind, behaupten sollte, dass der gesetzte Stein kein Grenzstein sei? Wer hat denn bewirkt, dass die Kohlen, eingegraben in eine feuchte Grube, wo das Holz verfaulen würde, so

---

ben es in der Übersetzung ergänzt, vgl. Aurelius Augustinus, *Vom Gottesstaat*, Buch 11 bis 22, 2. Aufl. München 1985, S. 680 (XXI, 4).

[138] Auch dieser Satz fast wörtlich bei Augustinus, allerdings steht dort »ut lapides coquat« – das »ut« in der Übersetzung ergänzt, vgl. *Vom Gottesstaat*, a.a.O., S. 680 (vgl. Brezzi-Nardi, S. 122, Z. 15).

incorruptibiliter posse, nisi rerum ille corruptor, ignis, effecit? Calx quoque conceptum ignem atque sopitum sic occultissime servat, ut nemo tangendo sentiat, sed cum extinguitur, tunc accenditur et sentitur, ut enim calx vim occulti ignis expellat, aqua perfunditur, et cum ante sit frigida, inde fervescit, unde ferventia cuncta frigescunt. At si non aqua sed oleum, quod proculdubio fomes est ignis, adhibetur, nulla eius infusione calor vel minimus excitatur.

Quid ergo mirum, si omnipotens Deus in magnis magnus ostenditur, cum et in minimis atque extremis quibusque rebus tam mirabiliter operatur? Quid enim vilius pelle colubri? Si tamen oleo fervescente decoquitur, mire per eam dolor aurium mitigatur. Quid inferius cimice? Si sanguisuga faucibus haeserit, fumo eius excepto statim evomitur, urinae quoque difficultas huius appositione laxatur. Quid adamantem referam, qui non igne non ferro dividitur, ullaque alia vi nisi dumtaxat hircino sanguine non secatur? Quid est, quod magnetem lapidem mirabilem ferri facit esse raptorem? Qui tamen, si adamas iuxta ponitur, non modo iam ferrum nullatenus rapit, sed et si iam rapuerat, ut ei propinquaverit, mox remittit, tamquam si lapis lapidem timeat, et velut ante conspectum maioris potentiae proprias vires perdat. Nec latet asbeston Archadiae lapidem propterea sic vocari, quod accensus semel iam non possit extingui. Pyrites etiam lapis, qui in Perside reperitur, cur ab igne nomen accepit, nisi quia tenentis manum, si vehementius prematur, adurit? In eadem rursus Perside lapis gignitur, qui seleniten vocatur, cuius candor interior cum luna crescit, eademque postmodum ad defectum ten-

---

[139] *Vom Gottesstaat*, a.a.O., S. 681. – Der Satz ist kunstvoll konstruiert und zeigt auch in der Form das anscheinende Paradox, dass das kühlende Wasser wärmend wirkt. Gleichzeitig erfolgt hier eine Abkehr vom aristotelischen Weltbild (das wahrscheinlich für Damianis Vorbild, Augustinus, präsenter war als für Damiani selbst): natura ad unum, ratio ad opposita. Natur und Geist unterscheiden sich für Aristoteles dadurch, dass die Natur immer nur in einer Richtung wirken kann, der Geist aber nicht festgelegt ist. Die Sonne kann immer nur wärmen, der Schnee immer nur kühlen, während die Vernunft Gegensätze umfasst. Damiani will zeigen, dass Gottes Geist noch in der Natur wirkt, dass sie nicht tote Schlacke eines längst vergangenen Schöpfungsvorgangs ist.

[140] Ein Gedanke, der an Cusanus erinnert: Gott ist nicht nur im Größten, sondern im Größten wie im Kleinsten, im Zusammenfall der Gegensätze (coincidentia oppositorum).

lange unversehrt dauern konnten, wenn nicht jener Verderber der Dinge, das Feuer? Auch der Kalk bewahrt das Feuer, das er aufgenommen hat und das in ihm schläft, tief im Innersten verborgen, so dass niemand es beim Berühren spürt. Aber sobald er gelöscht wird, wird es entflammt, und man spürt es. Damit nämlich der Kalk die Kraft des verborgenen Feuers ausstößt, wird er mit Wasser übergossen, und während er vorher kalt war, wird er nun heiß durch das, was sonst alles Heiße kalt macht.[139] Doch wenn man nicht Wasser, sondern Öl verwendet, das zweifelsohne Zunder für das Feuer ist, wird keine Wärme oder doch nur eine minimale erzeugt.

Was ist also verwunderlich daran, wenn der allmächtige Gott sich in großen Dingen groß erweist, wo er doch auch in den kleinsten und allerletzten Dingen so wunderbar wirkt?[140] Was ist denn wertloser als die Haut einer Natter? Doch wird sie in heißem Öl ausgekocht, lindert sie auf wunderbare Weise den Ohrenschmerz. Was ist niedriger als eine Wanze? Hängt einem ein Blutegel im Rachen, wird er sofort ausgespien, wenn man deren Ausdünstung einatmet. Auch wird die Schwierigkeit des Wasserlassens durch deren Anwendung gelindert. Was soll ich vom Diamanten sagen, der weder durch Feuer noch durch Eisen, noch durch irgendeine andere Kraft geteilt und nur durch Bocksblut zerschnitten wird? Was ist es, was den Magnetstein zum wunderbaren Räuber des Eisens macht? Wenn man allerdings einen Diamanten daneben hält, raubt er nicht nur kein Eisen mehr, sondern auch, wenn er es schon geraubt hatte, lässt er es, sobald sich der Diamant ihm genähert hat, gleich wieder los – so, als würde ein Stein den anderen fürchten, und, wie beim Anblick einer größeren Macht, die eigenen Kräfte verlieren.[141] Und es ist ja nicht unbekannt, dass der Asbest-Stein aus Arkadien deswegen so heißt, weil man ihn, wenn er einmal angezündet wurde, nicht mehr auslöschen kann. Auch der Pyrit, den man in Persien findet – warum hat er seinen Namen vom Feuer genommen, wenn nicht deswegen, weil er die Hand dessen, der ihn hält, wenn man ihn etwas fester drückt, verbrennt? Im gleichen Persien entsteht ein Stein, der Selenit genannt wird, dessen innerer Glanz mit dem Mond zunimmt und danach, wenn der Mond zur Neige geht, abnimmt. Was ist es außer-

---

[141] Diese animistische Rede über das Reich der Mineralien hätte man bis vor kurzem noch als esoterisch abgetan. Aber reden wir über die Schwarzen Löcher, die im Weltall einander verschlingen, nicht genauso?

dente decrescit. Quid est praeterea, quod Agrigentinum Siciliae sal cogit, cum admotum igni fuerit, fluere, cum vero in aquam mittitur, velut in ignibus crepitare? Quid est, quod apud Garamantas efficit quendam fontem tam frigidum diebus, ut non bibatur, tam fervidum noctibus, ut non tangatur? Quis in Epyro alium fontem ita mirabilem praebuit, ut cum sit contrectantibus frigidus, in eo tamen faces, ut in caeteris extinguuntur accensae, sed non ut in caeteris accenduntur extinctae? Quis in Aegypto huiusmodi ficum esse constituit, cuius lignum, cum in fluenta proicitur, non ad lignorum consuetudinem protinus enatet, sed in profunda mergatur? Quodque est mirabilius, postquam in imo aliquamdiu manserit, inde ad aquae superficiem rursus emergit, quando scilicet madefactum humoris debuit pondere praegravari? Quid est, quod in arvis Sodomae poma gignuntur, quae ad maturitatis quidem speciem usque perveniunt, sed morsu pressuve temptata in fumum atque favillam corio fatiscente vanescunt? Quid etiam quod in Cappadociae finibus equae ex vento concipiunt, idemque foetus nonnisi usque triennium vivunt? Unde Thilon Indiae insula huiusmodi vires habet, ut omnes in ea rami arborum numquam nudentur tegmine foliorum? Unde et terra illa in occiduis partibus hanc consecuta est dignitatem, ut ex arborum ramis volucres prodeant, et ad pomorum similitudinem animati atque pennati fructus erumpant? Sicut enim referunt, qui se vidisse testantur, paulatim incipit pendulum quid ex ramo suspendi, deinde in imaginem volucris speciemque formari, postremo quantulumque plumescens hiatu rostri sese ab arbore dividit sicque novus aeris habitator ante pene discit volare quam vivere. Enimvero quis tot virtutis divinae magnalia, quae contra communem naturae ordinem fiunt, enumerare sufficiat? Quae nimirum non humanis discutienda sunt argumentis, sed virtuti potius relinquenda sunt creatoris.

Quid ergo mirum si is, qui naturalia rerum omnium iura disposuit, ipsum naturae ordinem ad arbitrium efficacissimae suae voluntatis inflectit, ut qui matrem virginem nascendo servaverat, violatam

dem, was das Salz aus Agrigent in Sizilien zwingt, sobald man es dem Feuer annähert, flüssig zu werden, sobald man es aber ins Wasser wirft, wie im Feuer zu prasseln? Was ist es, was bei den Garamanten eine bestimmte Quelle tagsüber so kalt machte, dass man nicht daraus trinken konnte, und nachts so heiß, dass man sie nicht berühren konnte? Wer gab uns in Epirus eine andere so wunderbare Quelle, dass sie für die, die sie berühren, kalt ist, in ihr aber brennende Fackeln zwar wie in anderen ausgehen, aber nicht wie in anderen erloschene sich entzünden? Wer ließ in Ägypten einen Feigenbaum wachsen, dessen Holz, wenn man ihn ins Wasser wirft, nicht nach der Gewohnheit der Hölzer schwimmt, sondern in die Tiefe sinkt? Und was ist wunderbarer – nachdem er eine Weile unten geblieben ist, taucht er wieder an die Wasseroberfläche auf, nämlich wenn er, mit Wasser vollgesogen, durch das Gewicht der Flüssigkeit noch schwerer hätte werden müssen? Was ist damit, dass in den Gefilden Sodoms Äpfel wachsen, die zwar bis zum Anschein der Reife gelangen, aber, wenn man sie mit Biss oder Druck probiert, sich in Rauch und Asche auflösen, wobei die Haut platzt? Was auch damit, dass im Gebiet von Kappadokien Stuten vom Wind trächtig werden, und dass ebendiese Leibesfrucht nicht länger als drei Jahre lebt? Woher hat die Insel Tylos in Indien die Kräfte, dass in ihr alle Äste der Bäume niemals ihres Blätterkleids beraubt werden? Und woher erhielt jenes Land in seinem westlichen Teil das Privileg, dass aus den Ästen seiner Bäume Vögel entstehen, und, dem Obst ähnlich, belebte und gefiederte Früchte hervorbrechen? Wie nämlich von Augenzeugen berichtet wird, hängt erst etwas wie ein Pendel von einem Ast, dann formt es sich nach Bild und Aussehen eines Vogels, schließlich setzt es noch ein wenig Federn an und trennt sich, indem es den Schnabel aufsperrt, vom Baum, so dass der neue Luftbewohner beinah noch eher zu fliegen als zu leben lernt. Wahrlich, wer könnte so viele Wunder göttlicher Kraft, die gegen die gewöhnliche Ordnung der Natur geschehen, alle aufzählen? Sie sind nicht mit menschlichen Argumenten zu diskutieren, sondern vielmehr der Macht des Schöpfers zu überlassen.

Was ist also verwunderlich daran, wenn er, der die natürlichen Rechte aller Dinge verfügt hat, die Ordnung der Natur selbst nach dem Gutdünken seines allerwirksamsten Willens beugt – so dass, wer seine Mutter bei der Geburt als Jungfrau bewahrt hat, auch eine jede Vergewaltigte, wenn er will, wieder unversehrt machen kann?

quamlibet si voluerit integram reddat? Aequale nempe fuit Deo et prius Enoch et Eliam in carne retinere viventes, et post Lazarum ac viduae filium de sepulcris educere resurgentes.

14. De palatio Romuli et philosopho corruentibus

Nescio si legitur, sed a nonnullis intra Romana moenia celebri fama vulgatur, quod videlicet Romulus, qui conditor urbis asseritur, constructo palatio cuius parietina licet semiruta ex magna adhuc parte cernuntur, in hanc vocem quasi de firmamento operis confisus eruperit: Certum est, inquit, et immobiliter fixum quia, nisi virgo peperit, domus ista non corruet. Sicque si tamen verum est, quod asseritur, ex gentilis hominis lingua, sicut rei probavit eventus, egressa est prophetia. Nam nocte, qua salvator ad redemptionem nostram ex virginali alvo processit, sicut dicitur, palatium corruit.

Utrumque nimirum et virginem parere et aedificium ruere, homini Deum ignoranti impossibile videbatur. At qui utrumque semper potuit, sed diu intra providentiae suae secreta continuit, utrumque cum voluit, per effectum operis congruo tempore declaravit.

Illud plane stupendum, quod nunc homines in ecclesiae gremio non modo renati, sed etiam nati, tam audacter, tam impudenter omnipotenti Deo calumniam impossibilitatis obiciunt, et protinus absorberi terreni subsicivi[a] voragine non pavescunt. Erubescat iam lingua frenetica, et quae nescit esse facunda, discat esse vel muta. Nescit aedificationis augmenta depromere, sciat saltim sine fidei destructione tacere. Alioquin abscidatur sibi ferro praeputium per vindictam, nisi sibi frenum adhibeat per silentii disciplinam. Ventilent quaestiones suas qui volunt iuxta modum et ordinem disserendi, dum modo

---

[a] Diese von Cantin übernommene Schreibweise (S. 460, Z. 21) scheint dem »subsicivii« bei Reindel (S. 373, Z. 8) vorzuziehen. Vgl. Brezzi-Nardi, S. 130, Z. 12: »subsecivi«.

---

[142] Vgl. Sir 44,16; 2 Kön 2; Hebr 11,5; Joh 11; Lk 7,11–15.

[143] Vgl. Brief 38 (Reindel [Hg.], *Die Briefe des Petrus Damiani*, Teil 1, S. 369, Z. 17 ff.) und Brief 121 (a. a. O., Teil 3, S. 395, Z. 7 ff.).

Denn ein Gleiches war es für Gott, zuerst Henoch und Elias in ihrem Fleisch am Leben zu erhalten, und nachher Lazarus und den Sohn der Witwe als Auferstehende aus ihren Gräbern zu führen.[142]

14. Über den Palast des Romulus und den Philosophen, wie sie fallen

Ich weiß nicht, ob es irgendwo nachzulesen ist, aber von vielen wird in Rom die berühmte Sage verbreitet, dass Romulus, der als Gründer der Stadt gilt, nachdem er den Palast erbaut hatte, dessen halbverfallene Mauern noch großteils zu sehen sind, in folgenden Ruf ausgebrochen sei – gewissermaßen im Vertrauen auf die Festigkeit seines Werks: »Es ist sicher«, sagte er, »und steht unverbrüchlich fest, dass dieses Haus nicht einstürzen wird – es sei denn, eine Jungfrau bringt ein Kind zur Welt.« Und wenn es also wahr ist, was man behauptet, so ist, wie der Ausgang der Sache bewiesen hat, aus dem Mund eines Heiden eine Prophezeiung gekommen. Denn in der Nacht, in der der Retter zu unserer Erlösung aus dem jungfräulichen Schoß hervorging, stürzte, wie erzählt wird, der Palast ein.

Freilich schien beides – dass eine Jungfrau ein Kind zur Welt bringt, und dass das Gebäude einstürzt – für einen Menschen, der Gott nicht kannte, unmöglich. Doch der, der beides stets vermochte, es aber lang in den Geheimnissen seiner Vorsehung bewahrte, machte es, da er beides wollte, durch die Ausführung seines Werks zur rechten Zeit offenbar.

Man muss sich schon sehr wundern, dass heutzutage Männer, die nicht nur im Schoß der Kirche wiedergeboren, sondern auch darin geboren wurden, so kühn, ja so unverschämt dem allmächtigen Gott verleumderisch eine Unmöglichkeit vorhalten, und keine Angst haben, auf der Stelle von einem Abgrund verschlungen zu werden, der sich unter ihren Füßen auftut. Möge die lose Zunge erröten, und wenn sie schon nicht gut zu reden weiß, möge sie immerhin lernen, stumm zu sein. Wenn sie schon nichts zur Erbauung beitragen kann, möge sie sich wenigstens darauf verstehen, ohne Zerstörung des Glaubens zu schweigen.[143] Sonst möge ihr zur Strafe mit dem Eisen die Vorhaut beschnitten werden, wenn sie sich nicht selbst durch die Zucht des Schweigens zügelt. Mögen sie, wenn sie wollen, ihre Fragen nach Art und Ordnung des Diskurses ventilieren, wenn sie nur

per ambages suas et scholaris infantiae nenias contumeliam non inferant creatori, sciantque impossibilitatem istam in ipsa rerum esse natura, et verborum ex arte procedentium consequentia, non ad virtutem pertinere divinam, nihilque supernae maiestatis evadere posse potentiam, ut dicatur iuxta solius naturae ordinem verborumque conditionem, si est aliquid, quamdiu est, non potest non esse, et si fuit, non potest non fuisse, et si futurum est, non potest non futurum esse. Alioquin contra ipsius naturalis proprietatis ordinem existendique materiem, quid est quod Deus non possit evertere, quid est quod Deus non valeat nova conditione creare? Discutiant itaque iuxta modulum suum litterarum dumtaxat, quibus adhuc indigent, elementa, nec altiora se usurpent divina mysteria.

Philosophus quidam, dum siderum cursus stellarumque meatus nocturno tempore rimaretur, in limosum repente lapsus est puteum. Cuius casum mox poetata est Iambi, quae illius erat ancilla dicens: Dominus meus ignorabat id quod sub pedibus eius iacebat vile lutum, et investigare temptabat arcana caelorum. Ex cuius nimirum vocabulo iambicum metrum nomen accepit.

Animadvertant hoc, qui modum suae capacitatis excedunt, et ad ea, quae super se sunt, superbe temptanda prorumpunt, ne dum adversus Deum quid loquantur, ignorant incaute se insipienterque locutos, etiam per illatam sibi dignae ultionis sententiam discant.

15. De his qui Dominum blasphemantes lepra perfusi sunt

Prudentis et honorati apud saeculum cuiusdam diaconi didici narratione, quod refero. In Bononiae, inquit, partibus, duo quidam viri qui et amicitiae invicem foedere et compaternitatis, si rite recolo,

---

[144] Vgl. Platon, *Theaitetos*, 174 a, in ders., *Sämtliche Werke*, übers. von F. Schleiermacher, ed. E. Grassi, Hamburg 1986, S. 140; Brief 121 (wie vorige Anm., S. 393, Z. 9 ff.).

nicht durch ihre Verdrehtheiten und Schulkind-Spielereien den Schöpfer beleidigen. Und sie sollen wissen, dass diese Unmöglichkeit in der Natur der Dinge selbst liegt, sowie in der Folgerichtigkeit der Worte, wenn sie kunstgerecht vorgebracht werden – und dass sie nichts mit der göttlichen Kraft zu tun hat, und dass nichts der Macht der höchsten Majestät entgehen kann, so dass nur nach der Ordnung der Natur und der Bedingung der Rede gesagt wird: Wenn etwas ist, kann es, solange es ist, nicht nicht sein, und wenn es gewesen ist, kann es nicht nicht gewesen sein, und wenn es zukünftig ist, kann es nicht nicht zukünftig sein. Ansonsten: was gibt es, was Gott entgegen der Ordnung der natürlichen Beschaffenheit selbst und gegen die Grundlage des Existierens nicht umstürzen könnte, was gibt es, was er nicht mit neuer Schöpfung zu schaffen vermöchte? Sollen sie also nach ihrem kleinen Maß nur die Anfangsgründe der Wissenschaften diskutieren, deren sie noch bedürfen, und sich nicht der göttlichen Geheimnisse bemächtigen, die für sie zu hoch sind.

Ein Philosoph[144] fiel einmal, als er nachts den Lauf der Gestirne und die Bewegung der Sterne erforschen wollte, plötzlich in eine schlammige Grube. Gleich machte Iambi, seine Magd, einen Vers auf seinen Fall, indem sie sagte: »Mein Herr kannte nicht, was unter seinen Füßen lag: schäbigen Dreck – und versuchte die Geheimnisse des Himmels zu erforschen.« Nach diesem Wort bekam das jambische Versmaß seinen Namen.

Das mögen sich die zu Herzen nehmen, die das Maß ihrer Fähigkeiten überschreiten und in eitlem Versuch sich auf das stürzen, was zu hoch für sie ist, damit sie nicht – während sie nicht wissen, dass sie etwas gegen Gott sagen – nicht auch durch das über sie verhängte Urteil gerechter Strafe lernen müssen, dass sie unvorsichtig und unbesonnen gesprochen haben.

15. Von denen, die den Herrn lästerten und vom Aussatz bedeckt wurden

Was ich nun berichte, habe ich durch die Erzählung eines Diakons erfahren, der klug und in der Welt angesehen war. In der Gegend von Bologna, sagte er, lagen zwei Männer beim Mahl, die sowohl durch den Bund der Freundschaft als auch durch das Verhältnis der Patenschaft (wenn ich mich recht erinnere) miteinander verbunden wa-

necessitudine tenebantur, in convivio discumbebant, quibus in mensam allatus est gallus. Quod videlicet pulmentum unus illorum arrepto cultello, ut mos est, in frusta desecuit, tritum quoque piper cum liquamine superfudit. Quo facto protinus alter ait: Profecto, compater, sic explicuisti gallum, ut ipse sanctus Petrus, etiamsi velit, redintegrare non possit. Cui mox intulit ille: Plane non modo beatus Petrus, sed si et ipse Christus imperet, gallus hic perpetuo non resurget. Ad hanc vocem repente gallus vivus et plumis undique copertus exiluit, alas percussit et cecinit, plumas concussit, totumque liquamen super eos, qui convescebantur, aspersit. Ilico sacrilegium blasphemae temeritatis digna poena sequitur ultionis. Nam in aspersione piperis lepra percussi sunt. Quam videlicet plagam non modo ipsi usque ad obitum pertulerunt, sed et posteris suis in omnes generationes, velut quoddam hereditarium, reliquerunt. Unde factum est, ut in famulatum subacti sint sanctae Bononiensi ecclesiae, quae videlicet beati Petri apostoli est insignita vocabulo. Quorum progenies, ut relator asseruit, huc usque leprosa hoc illationis canone censita est, ut ex operibus manuum suarum inferant ecclesiae capisteria. Sic, sic nimirum duplici poenae, leprae simul et servitutis addicti suppliciis, instruuntur, ut iam temere de divina potentia non loquantur. Et gallus, qui dudum arguerat Petrum in terra negantem, tunc probavit Petrum cum eo, quem negaverat, in caelo regnantem. Et forte non sine divino iudicio huiusmodi canonis sunt illatione multati, ut sicut triticum a quisquiliis capisterio ventilante discernitur, ita per discretionis magisterium discant et quae velut quisquilias vitando repellere, et quae quasi ad victus utilitatem debeant verba proferre.

Nam perversi quilibet homines, dum quicquid cor suggesserit, agunt, dum quicquid lingua prurierit, inconsulte ac procaciter effluunt, si eis aliquando flagella non obviant, Deum vel non esse vel humana curare non autumant. *Dixit enim insipiens in corde suo: Non est Deus.* Et iterum: *Quomodo scit Deus, vel si est scientia in excelso?*

---

[145] Vgl. Mt 26,74; Mk 14,72; Lk 22,60; Joh 18,27.

[146] Ps 13 (14), 1.

[147] Ps 72 (73), 11.

ren, denen ein Hahn aufgetischt wurde. Der eine der beiden nahm sich ein Messer, tranchierte das Fleisch, wie es Brauch ist, und übergoss es mit Pfeffersoße. Nachdem dies geschehen war, sagte der andere sogleich: »Wahrhaftig, Gevatter, den Hahn hast du so auseinandergenommen, dass selbst der heilige Petrus, auch wenn er wollte, ihn nicht wiederherstellen könnte.« Darauf erwiderte jener: »Fürwahr, nicht nur der selige Petrus, sondern wenn auch Christus selbst es befähle – dieser Hahn wird in Ewigkeit nicht mehr aufstehen.« Auf diese Worte hin sprang der Hahn auf, lebendig und in vollem Federkleid, tat ein paar Flügelschläge, krähte, schüttelte sein Gefieder und spritzte die ganze Soße auf die Tafelnden. Sofort folgt dem Frevel der gotteslästerlichen Verwegenheit zur Vergeltung die würdige Strafe. Denn beim Besprengen mit Pfeffer wurden sie mit Aussatz geschlagen. Diese Plage mussten sie nicht nur selbst bis zu ihrem Tod ertragen, sondern sie hinterließen sie auch ihren Nachkommen bis in alle Geschlechter, als eine Art Erbteil. So geschah es, dass sie sich gezwungen sahen, in den Dienst der heiligen Kirche von Bologna einzutreten, die ja den Namen des hl. Apostels Petrus trägt. Ihren Nachkommen – so versicherte mir der Berichterstatter –, die bis heute aussätzig sind, wurde die Abgabepflicht auferlegt, mit ihrer Hände Arbeit der Kirche Siebe zu liefern. So, ja so werden sie durch das Verbüßen doppelter Strafe, nämlich des Aussatzes und zugleich der Dienstbarkeit in die Pflicht genommen, belehrt, nicht mehr leichtfertig über die göttliche Macht zu reden. Und der Hahn, der einst Petrus überführt hatte, als er auf der Erde [den Herrn] verleugnete,[145] bezeugte nun, dass Petrus mit dem, den er verleugnet hatte, im Himmel herrschte. Und vielleicht sind sie nicht ohne göttliches Urteil gerade durch diese Abgabepflicht bestraft worden, damit sie – wie der Weizen von der Spreu geschieden wird, indem man das Sieb schwingt – so durch Unterricht im Unterscheidungsvermögen lernen, welche Worte man wie Spreu vermeiden und fernhalten, und welche man, gleichsam als nützliche Speise, darbringen soll.

Denn alle möglichen schlechten Menschen meinen – während sie tun, was auch immer ihr Herz ihnen gerade eingibt, während sie unüberlegt und frech herauslassen, was auch immer die Zunge juckt, wenn man ihnen nicht irgendwann mit der Geißel kommt –, es gibt keinen Gott, bzw. er kümmere sich nicht um die menschlichen Angelegenheiten. *Es sprach nämlich der Tor in seinem Herzen: Es gibt keinen Gott.*[146] Und wiederum:[147] *Wie sollte Gott davon wissen? Gibt*

Ideoque nonnulli in ipso momento pravi operis vel e vestigio postquam nequiter agunt, ilico motum divini furoris incurrunt, quatinus et ipsi supernae patientiae diutius non illudant, et caeteri se ab agendo similia per animadversionis eorum exempla compescant.

16. De illo quem, adulterio commisso, malignus spiritus interemit

Enimvero cum apud Parmense oppidum degerem, ibique litteralium artium studiis insudarem, quiddam me contigit nosse, quod non inutile videtur ad posterorum notitiam stili currentis articulo tradere. Ad occidentem sane praedictae urbis est quaedem extra muros sita basilica, gemino beatorum martyrum Gervasii et Protasii titulo decorata. Nocte quadam, quae videlicet eorundem martyrum natalitia praecedebat, vir quidam maturius surrexit bovesque suos in pascua remotiora deduxit. Cui convicinus quidam flamma nequissimae libidinis inflammatus insidiatus est, ut eius uxorem polluere moliretur. Eadem igitur nocte ad domum eius callidus explorator accessit, et occasione reperta non diutius postquam iste cum pascendis animalibus abiit, ille febricitare se diabolica machinatione confingens in lectum uxoris illius vir simulatus intravit. Cumque velut frigescens intremeret, dentium stridores emitteret, crebrius singultiret, infelix mulier tamquam aegrotanti viro compatiens coepit illum ulnis adstringere, lodice contegere, et quibus valebat impendiis confovere. At ille, ut dolorem mente concoeperat, peperit iniquitatem, violat itaque alienum torum, sibique procurat interitum, moxque concitus abiit. Sed ecce, vix brevi temporis elapso spatio maritus redit, stratum repetit. Cui protinus uxor expostulans et vehementer exprobrans ait: Optime poteris hodie sanctorum martyrum, quae tibi tam contigua

---

[148] Zu Damianis Studienzeit in Parma vgl. Brief 70 (Reindel [Hg.], *Die Briefe des Petrus Damiani*, Teil 2, S. 320 mit Anm. 17).

[149] Im 16. Jahrhundert abgerissen, jetzt steht dort die Chiesa della Santissima Annunziata.

[150] Das Fest fällt auf den 19. Juni, den Tag der Beisetzung der beiden Mailänder Märtyrer in der damaligen Basilica Martyrum im Jahr 386. Seit der Beisetzung des hl. Ambrosius (397) ist die Basilika ihm geweiht.

[151] Vgl. Jak 1,15: die Begierde empfängt und gebiert die Sünde, die Sünde schließlich den Tod. Vgl. Jes 59,4.

es Wissen beim Höchsten? Daher ziehen sich manche schon im Augenblick der bösen Tat oder sogleich, nachdem sie ungerecht gehandelt haben, auf der Stelle eine Wallung göttlichen Zorns zu, so dass sie nicht länger der Geduld des Höchsten spotten, und die anderen sich durch das Beispiel ihrer Strafe zurückhalten, dergleichen zu tun.

16. Von dem, den ein böser Geist nach verübtem Ehebruch tötete

In der Tat, als ich in der Nähe von Parma lebte und dort die freien Künste studierte,[148] erfuhr ich zufällig von einer Sache, die zur Kenntnis der Nachwelt noch aufzuschreiben nicht unnütz scheint. Im Westen besagter Stadt ist außerhalb der Mauern eine Basilika gelegen, die den Zwillings-Märtyrern Gervasius und Protasius geweiht ist.[149] Eines Nachts, vor dem Namensfest[150] ebendieser Märtyrer, stand ein Mann schon früh am Morgen auf und führte seine Rinder auf eine etwas abgelegene Weide. Sein Nachbar, vom Feuer einer ganz und gar abscheulichen Lust entflammt, wartete auf einen günstigen Augenblick, um dessen Frau zu schänden. Deshalb näherte er sich in derselben Nacht dessen Haus als schlauer Späher, und nachdem die Gelegenheit gefunden war, begab er sich, kaum, dass jener mit den Tieren auf die Weide gegangen war – indem er mit teuflischer List vorgab, an Fieber zu leiden, und so tat, als sei er ihr Mann –, ins Bett von dessen Frau. Und da er wie von Frost geschüttelt zu zittern anfing, mit den Zähnen knirschte und öfters schluchzte, begann die unglückselige Frau, so als bemitleidete sie ihren kranken Mann, ihn zu umarmen, ihn zuzudecken und ihn mit allem ihr möglichen Aufwand zu pflegen. Doch jener, so wie er seinen Schmerz nur in der Vorstellung empfangen hatte, gebar Unrecht.[151] Er schändete das fremde Bett, bereitete seinen eigenen Untergang – und ging alsbald erregt fort. Doch siehe da, schon nach kurzer Zeit kehrt der Ehemann zurück und möchte sich wieder hinlegen. Gleich macht ihm die Frau Vorhaltungen und sagt unter heftigen Vorwürfen: »Heute kannst du ja bestens[152] in die Kirche der heiligen Märtyrer gehen, die ganz in deiner Nähe liegt, und mit den

[152] Die Frau bezieht sich ironisch auf den vermeintlich von ihrem Mann geforderten Beischlaf, der nach vorkonziliarer Ordnung dem Empfang des Sakraments entgegensteht (vgl. *Denzinger-Hünermann*, Nr. 2092).

est, ecclesiam ingredi, et cum caeteris Christianis divinis interesse mysteriis! Cumque vir attonitus quid illa loqueretur inquireret, eventumque rei sicut contigerat per ordinem cognovisset, uterque se deprehendentes irrisos ac turpissima ludificatione delusos, intolerabilis doloris angustia consternati sunt. Interea dum populus ad ecclesiam hinc inde conflueret, ut nocturnae laudis officium devotus audiret, tandem et illi resumpto spiritu nihilominus convenerunt, atque omni verecundiae rubore postposito querelam suam coram omnibus deposuerunt. Praesertim mulier laceros crinos evellens et uberibus lacrimis tristia ora perfundens lugubres emittebat ululatus in caelum: Domine, tu, inquit, corda hominum nosti, tu conscientiae meae testis es, quia ego hac sanctissima nocte etiam proprii thalami viriles amplexus abhorrui, alieno praesertim me misceri viro penitus ignoravi. Tu ergo, Domine, non aspicias, oro, peccata mea, sed placeat coram te, ut sanctorum tuorum ulciscaris iniuriam. In conspectu ergo populi tui nunc ostende virtutem, et ad gloriam sanctissimi tui nominis prode meae perditionis auctorem. Producatur in medium, et immunitatem cruentissimi sceleris de suae fraudis aufugio non lucretur. Cumque multa his similia mulier amaro spiritu non clam, sed vociferando profunderet, et populus ei pio moerore compatiens eisdem votis et precibus divinam clementiam imploraret, auctor sceleris, ubi latebat, daemoniaco spiritu repente corripitur et in furorem nimium atque vesaniam rabidus efferatur. Moxque in ecclesiam populo noviter obstupescente prosiluit, omnesque in sui ammirationem semetipsum laniando ac discerpendo convertit. Dans itaque fremitus et rugitus, propriis se manibus crudeliter lacerabat, modo velut volans in alta prosiliens, modo se cum gravissimo impetu in ima demergens, modo in parietem caput incutiens, modo se in pavimentum insaniendo prosternens, omnia viscera sua miserabiliter conquassabat. Hoc itaque modo malignus eum spiritus collidere non cessavit, donec infelicem animam coram populo qui aderat de cor-

übrigen Christen an den heiligen Geheimnissen teilhaben!« Und als der Mann, erstaunt, was sie da spräche, nachfragte, und den Hergang der Sache, wie er sich zugetragen hatte, der Reihe nach erfahren hatte, und sie beide sahen, wie man sie zum Besten gehalten und durch ein ganz und gar schändliches Spiel hinters Licht geführt hatte, raubte ihnen die Qual eines unerträglichen Schmerzes die Fassung. Während indes das Volk von überall her zur Kirche strömte, um andächtig das Amt des Abendlobs zu hören, kamen schließlich auch sie, nachdem sie nichtsdestotrotz wieder Mut gefasst hatten, dazu und trugen, unter Hintansetzung aller Schamröte, ihre Klage in Gegenwart aller vor. Vor allem die Frau stieß, sich die zerzausten Haare raufend und mit reichlichen Tränen ihr betrübtes Antlitz benetzend, ein klägliches Geheul zum Himmel aus: »Herr«, sagte sie, »du kennst die Herzen der Menschen, du bist Zeuge meines Gewissens, dass ich in dieser hochheiligen Nacht sogar die Umarmungen meines eigenen Gatten verabscheut habe, und vor allem, dass ich ganz und gar nicht wusste, dass ich mit einem fremden Mann geschlafen habe. Du also, o Herr, schau nicht, ich bitte dich, auf meine Sünden, sondern möge es dir gefallen, das Unrecht, das deinen Heiligen geschah, zu rächen. Zeig also jetzt vor allem Volk deine Kraft, und tu, zum Ruhm deines allerheiligsten Namens, den Urheber meines Verderbens kund. Man führe ihn in die Mitte, und er soll nicht Straffreiheit für sein blutiges Verbrechen erlangen, indem er sich hinter seinem Betrug versteckt.« Und noch während die Frau noch vieles dergleichen in ihrer Verbitterung nicht heimlich, sondern mit lauter Stimme vorbrachte, und das Volk, das sie mit frommer Trauer bemitleidete, mit denselben Bitten und Gebeten die göttliche Milde anflehte, wird der Urheber des Verbrechens, wo er sich versteckt hielt, plötzlich von einem dämonischen Geist ergriffen und erleidet einen maßlosen Tobsuchtsanfall. Und schon bald stürmte er in die Kirche, wobei das Volk aufs Neue staunte, und lenkte die Verwunderung aller auf sich, indem er sich selbst zerfleischte und zerriss. Schnaubend und brüllend fügte er sich mit seinen eigenen Händen grausame Verletzungen zu. Bald sprang er, als würde er fliegen, in die Höhe, bald stürzte er sich mit großer Wucht nieder, bald schlug er mit dem Kopf gegen die Wand, bald warf er sich rasend auf den Boden. All seine Eingeweide schüttelte er durcheinander, dass es ein Jammer war. So hörte der böse Geist nicht auf, ihm zuzusetzen, bis er die unglückliche Seele vor den Augen des anwesenden Volkes seinem Körper entriss.

pore illius evulsit. Videntes autem qui aderant immensam auctori iustitiae Deo referunt gloriam, qui et impune non passus est abire peccantem, et innocentem consolatus est mulierem. Quando autem hoc mihi relatum est, dicebatur adhuc videri saxa quibus impegerat sanie illius et cruore rubentia.

Porro autem et hic forte credebat Deum vel nescire quod occulte committitur, vel nequaquam posse ut de scelera committentibus ulciscatur, dicens in corde suo: *Non videbit Dominus, nec intelleget Deus Iacob.* Sed sive Dei mandata calcando, sive Deum detractionibus stimulando, quis arroganter excedat, non levis reus est criminis, et in paucis, sive prava committentibus, sive superba loquentibus, quos repente divina sententia percutit, quid caeteri, qui velut immunes videntur, ad horam mereantur, ostendit. Desinat, oro, iam desinat quisquis ponit *os suum in caelo*, ut *lingua* eius transeat super terram. Quod profecto tale est, quia sic Deum derogationibus lacerat, ut et contra servum eius de illius impossibilitate confligat.

17. Epilogus et adversarii inevadenda conclusio

Quando igitur quaestio ista proponitur, ut dicatur: quomodo potest hoc Deus agere, ut quod factum fuit factum non fuerit, respondeat sanae fidei frater, quia quod factum est, si malum fuit, non aliquid sed nihil fuit ac propterea non fuisse dicendum est, quia materiam existendi non habuit, quod rerum artifex ut fieret non mandavit. Quod si bonum fuit quod factum est, a Deo utique factum est. *Dixit enim et facta sunt, mandavit et creata sunt. Omnia* enim *per ipsum facta sunt, et sine ipso factum est nihil.* Atque ideo tale est quod dicitur: quomodo potest facere Deus, ut quod factum fuit factum non

[153] Ps 93 (94), 7.
[154] Vgl. Ps 72 (73), 9. – Vgl. Damiani, Brief 121 (Reindel [Hg.], *Die Briefe des Petrus Damiani*, Teil 3, S. 396, Z. 6 f.).
[155] Damit kehrt Damiani nach dem Exkurs der Kap. 14, 15 und 16 wieder zum Thema zurück.

Die Anwesenden aber, die das sahen, erwiesen Gott, dem Urheber der Gerechtigkeit, Ehre ohne Ende, der nicht nur den Sünder nicht ungestraft weggehen ließ, sondern auch die unschuldige Ehefrau tröstete. Als mir das berichtet wurde, hieß es, die Steine, gegen die er gestoßen war, seien noch zu sehen – rot von seinem Eiter und Blut.

Nun, auch der glaubte vielleicht, Gott wüsste nicht, was im Geheimen verübt wird, oder er brächte es nicht fertig, sich an denen zu rächen, die Verbrechen begehen – und sagte in seinem Herzen:[153] *Der Herr sieht es nicht, der Gott Jakobs merkt es nicht.* Doch wer in seinem Hochmut zu weit geht – sei es, dass er Gottes Gebote mit Füßen tritt, sei es, dass er ihn durch mangelnde Ehrerbietung reizt –, macht sich keines geringfügigen Verbrechens schuldig. Und Gott zeigt an den wenigen, die er mit seinem plötzlichen Urteil trifft – ob sie nun Böses verüben oder hochmütig daherreden –, was die anderen, die anscheinend verschont bleiben, zu ihrer Zeit verdienen. Wer auch immer *sein Maul bis zum Himmel aufreißt,* um *seiner Zunge auf Erden freien Lauf zu lassen,*[154] möge bitte damit endlich aufhören. In der Tat läuft es darauf hinaus, weil er Gott mit seinem Absprechen in einer Weise verunglimpft, dass er auch mit dessen Diener über das, was Gott unmöglich ist,[155] aneinandergerät.

17. Epilog und Schluss, dem der Gegner nicht entkommen kann

Wenn also diese Frage vorgebracht wird, dass man sagt: Wie kann Gott das machen, dass das, was geschehen ist, nicht geschehen ist, möge ein Bruder gesunden Glaubens antworten: Dass, wenn das, was geschehen ist, schlecht war, es nicht etwas, sondern nichts war und man daher sagen muss, es sei nicht gewesen – denn es hatte keinen Grund zu sein, weil der Schöpfer nicht befahl, es solle werden. Wenn das, was geschehen ist, gut war, ist es jedenfalls von Gott gemacht worden:[156] *Denn er sprach und es geschah; er gebot und es wurde geschaffen. Alles* nämlich *ist durch Ihn gemacht, und ohne Ihn ist nichts gemacht.* Und daher ist das, was gesagt wird: »Wie kann Gott machen, dass, was gemacht wurde, nicht gemacht wurde?«, so,

---

156 Ps 32 (33), 9 (Wortlaut bei Damiani leicht von der *Nova Vulgata* abweichend); Joh 1,3.

fuerit? ac si dicatur: potest Deus agere, ut quod fecit ipse, non fecerit? nimirum[a] ut quod fecit Deus, non fecerit Deus. Ideo conspuendus est, qui hoc affert, et non responsione dignus, sed ad cauterium potius destinandus.

Ad confutandos tamen improbos et dicaces, memoriae commendanda sunt, quae superius dicta sunt. Quae nimirum nos omittimus hic etiam succincte perstringere, ne legenti fastidium stili valeat prolixitas generare. Non enim librum sed epistolam edere proposuimus. Inter caetera tamen illud unum quod a nobis dictum est, memoriae nostrae non excidat, quoniam creatori omnium Deo omnia posse coaeternum est, sicut et omnia nosse, quodque intra sapientiae suae sinum sic omnia tempora, praeterita scilicet, praesentia et futura concludit, figit ac perenniter sistit, ut neque novum aliquid ad se patiatur accedere, nec a se quicquam praetereundo transire.

Verumtamen quae est illa virtus, qua potest Deus omnia? Quae sapientia qua novit omnia? Inquiramus apostolum: *Christus*, inquit, est *Dei virtus et Dei sapientia.* Ibi sane aeternitas, vera est immortalitas, ibi aeternum illud hodie, quod numquam transit, ibi praesens illud sempiternumque modernum tanta iugiter stabilitate defigitur, ut transire nesciat, nec se aliquando in praeteritum vertat.

Ad revincendam ergo dicacium hominum impudentiam, quibus adhuc propositae quaestionis absolutio superius facta non sufficit, non inepte possumus dicere, quia potest Deus facere in illa invariabili et constantissima semper aeternitate sua, ut quod factum fuerat, apud hoc transire nostrum, factum non sit, scilicet ut dicamus: Roma quae antiquitus condita est, potest Deus agere, ut condita non fuerit. Hoc quod dicimus potest, praesentis videlicet temporis, congrue dicitur quantum pertinet ad immobilem Dei omnipotentis aeternitatem, sed quantum ad nos, ubi continuata mobilitas et perpes est transitus, ut mos est, potuit convenientius diceremus, ut ita intellegamus hoc quod dicitur: Potest Deus, ut Roma non fuerit condita, hoc scilicet secundum se apud quem *non est transmutatio nec vicissitudinis obumbratio.* Quod nimirum apud nos ita sonat: potuit

---

[a] Mit Cantin (S. 472, Z. 11–14) lesen wir die mit »Atque ideo« beginnende Passage als *einen* Satz – anders Reindel, S. 378, Z. 11–13.

---

157 1 Kor 1,24.
158 Jak 1,17.

als sagte man: »Kann Gott machen, dass er, was er selbst gemacht hat, nicht gemacht hat?«, nämlich: dass, was Gott gemacht hat, Gott nicht gemacht hat. Daher ist, wer das vorbringt, zu bespucken und keiner Antwort würdig, sondern vielmehr dem Brenneisen zu überantworten.

Um dennoch die Frechen und Neunmalklugen zu widerlegen, ist an das zu erinnern, was oben gesagt wurde. Wir ersparen es uns aber, es hier noch einmal kurz zusammenfassen, damit nicht die Weitschweifigkeit des Stils beim Leser Überdruss aufkommen lässt. Denn nicht ein Buch, sondern einen Brief wollten wir herausgeben. Immerhin möge jenes eine, das von uns gesagt wurde, nicht unserem Gedächtnis entfallen: dass dem Schöpfer aller Dinge, Gott, alles zu können wie auch alles zu wissen gleichewig ist, und dass er im Schoß seiner Weisheit alle Zeiten, d.h. vergangene, gegenwärtige und zukünftige, so einschließt, festhält und auf ewig zum Stehen bringt, dass er weder duldet, dass ihm etwas Neues zustößt, noch dass etwas von ihm, in Vergangenheit übergehend, vergeht.

Aber was ist nun jene Kraft, durch die Gott alles vermag? Welches die Weisheit, durch die er alles weiß? Fragen wir den Apostel:[157] *Christus*, sagt er, ist *Gottes Kraft und Gottes Weisheit.* Dort ist Ewigkeit, wahre Unsterblichkeit, dort jenes ewige Heute, das nie vergeht, dort wird jene immer währende und neue Gegenwart dauernd mit so großer Festigkeit fixiert, dass sie nicht vergehen kann, noch sich jemals in Vergangenheit verwandelt.

Um also die Unverschämtheit der vorwitzigen Leute zu widerlegen, denen die oben gebotene Lösung der aufgeworfenen Frage immer noch nicht genügt, können wir nicht unschicklich sagen, dass Gott in seiner unveränderlichen und absolut beständigen Ewigkeit machen kann, dass das, was – bei dieser unserer Vergänglichkeit – geschehen war, nicht geschehen ist, so dass wir also sagen: Rom, das einst gegründet wurde – Gott kann machen, dass es nicht gegründet wurde. Dass wir sagen »er kann«, nämlich im Präsens, wird passend gesagt mit Bezug auf die unveränderliche Ewigkeit des allmächtigen Gottes. Aber mit Bezug auf uns, wo es beständige Veränderlichkeit und dauernden Übergang gibt, würden wir, wie es Brauch ist, angemessener sagen »er konnte«, damit wir auf diese Weise verstehen, was da gesagt wird: »Gott kann machen, dass Rom nicht gegründet wurde« – nämlich mit Bezug auf ihn, *bei dem es keine Veränderung noch den Schatten eines Wechsels gibt.*[158] Was bei uns so klingt: »Gott

Deus. Quantum enim ad aeternitatem suam, quicquid potuit Deus, hoc et potest, quia praesens eius in praeteritum numquam vertitur. Eius hodie non in cras vel in aliquam temporis vicissitudinem permutatur, sed sicut ipse semper est quod est, ita sibi quicquid adest semper adest. Quapropter sicut possumus rite dicere: Potuit Deus, ut Roma antequam facta fuisset, facta non fuerit, ita nihilominus possumus et congrue dicere: Potest Deus, ut Roma et postquam facta est, facta non fuerit. Potuit secundum nos, potest secundum se. Illud enim posse, quod habebat Deus antequam Roma fieret, immutabile semper apud aeternitatem Dei et intransibile perseverat, ut de quacumque re possumus dicere, quia potuit eam Deus, valeamus etiam nihilominus dicere, quia potest eam Deus; quoniam posse eius, quod sibi utique coaeternum est, fixum atque immobile semper est. Potuisse enim Dei apud nos tantummodo est, apud ipsum autem non potuisse, sed immotum, constans atque invariabile posse semper est. Quodcumque enim potuit Deus, indubitanter et potest, apud quem nimirum, sicut non est esse et fuisse, sed sempiternum esse, ita consequenter non potuisse et posse, sed immobile et perpetuum posse. Sicut enim non ait: Ego sum qui fui et sum, sed potius, *ego sum qui sum*, et *qui est, misit me ad vos*, ita proculdubio consequens est ut dicat non: Ego sum qui potui et possum, sed qui immobiliter et aeternaliter possum. Illud enim posse, quod apud Deum erat ante saecula, illud est hodie, et illud posse, quod sibi est hodie, erat nihilominus ante saecula, et fixum adhuc atque immobile in omnia, quae futura sunt, saecula aeternaliter perseverat. Sicut ergo potuit Deus, antequam quaeque facta sunt, ut non fierent, ita nihilominus potest et nunc, ut quae facta sunt non fuissent. Illud enim posse, quod tunc habebat, nec immutatum est nec ablatum, sed sicut ipse semper est

---

[159] Der erste Teil ist klar: Das Nichtsein Roms geht seinem Sein voraus. Der zweite Teil formuliert in paradoxer Zuspitzung die Umkehrung des Zeitstrahls: Das Sein Roms kann rückgängig gemacht werden – nicht als Möglichkeit des Zerstörtwerdens, sondern des Nie-gewesen-Seins. Dieses Paradox illustriert den Umstand, dass Gott nicht an die Logik der Zeit gebunden ist.

[160] Kantisch formuliert: »für uns« gilt nur, dass Gott (vor der Gründung Roms) machen konnte (d. h. hätte machen können), dass Rom nicht entsteht. »An sich« gilt, dass Gott auch nach der Gründung Roms dieselbe Macht hat, weil die (Logik der) Zeit ihn nicht bindet. Das ist aber eine Grenzaussage (Kant würde sagen: ein problematisches Urteil), weil es nach menschlicher Logik nicht nachvollziehbar ist.

konnte.« Was aber seine Ewigkeit angeht, so kann Gott, was immer er konnte, immer noch, denn seine Gegenwart wandelt sich niemals in Vergangenheit. Sein Heute wird nicht in ein Morgen oder in irgendeinen Wechsel der Zeit verändert, sondern so wie er selbst immer ist, was er ist, so ist alles, was für ihn da ist, immer für ihn da. Wie wir deshalb mit Recht sagen können: Gott *konnte* machen, dass Rom, bevor es entstanden war, nicht entstand, ebenso gut und passend können wir sagen: Gott *kann* machen, dass Rom, auch nachdem es entstanden war, nicht entstand.[159] Er konnte mit Bezug auf uns, er kann, mit Bezug auf sich.[160] Denn jenes Können, das Gott innehatte, bevor Rom entstand, bleibt immer unbeweglich und unvergänglich bei der Ewigkeit Gottes, so dass wir von jeder Sache, von der wir sagen können, dass Gott sie *konnte*, auch genauso gut sagen dürfen, dass Gott sie *kann*. Denn sein Können, das ihm gleichewig ist, ist jedenfalls immer beständig und unbeweglich. Das Gekonnthaben Gottes gibt es ja nur für uns, bei ihm aber gibt es kein Gekonnthaben, sondern immer nur ein unbewegtes, konstantes und unveränderliches Können. Denn was auch immer Gott konnte, das kann er ohne Zweifel auch noch. Bei ihm gibt es nämlich, so wie es kein Sein und Gewesensein, sondern nur ein ewiges Sein gibt, so auch kein Gekonnthaben und Können, sondern nur ein unbewegliches und ewiges Können.[161] Denn wie er nicht sagt: Ich bin, der ich war und bin, sondern vielmehr *ich bin, der ich bin*, und *der ist, hat mich zu euch gesandt,*[162] so ist es ohne Zweifel folgerichtig, dass er nicht sagt: Ich bin, der konnte und kann, sondern der unbewegt und ewig kann. Jenes Können nämlich, das bei Gott vor aller Zeit war, das ist [auch noch] heute – und jenes Können, das er heute besitzt, war um nichts weniger schon vor aller Zeit [bei ihm], und bleibt immer noch, fest und unbewegt, bis in alle Zeiten, die da kommen werden, in Ewigkeit. Wie also Gott, bevor ein jedes Geschaffene wurde, in der Lage war, es nicht entstehen zu lassen, so ist er um nichts weniger auch jetzt in der Lage, das, was entstanden ist, nicht entstanden sein zu lassen. Denn jenes Können, das er damals hatte, ist weder verändert noch fortgenommen worden, sondern so, wie er selbst immer

---

[161] Vgl. Augustinus, *In Iohannis Evangelium tractatus 124*, tract. 20, c. 4; Turnhout 1954 (= CCSL 36), S. 205: »esse et posse simul habet, quia velle et facere simul habet« – »Sein und Können hat er gleichzeitig, wie er auch Wollen und Tun gleichzeitig hat«.

[162] Ex 3,14.

quod est, ita et posse Dei mutari non potest. Ipse est enim, qui per prophetam dicit: *Ego Deus et non mutor.* Et in evangelio: *Antequam Abraham fieret, ego sum.* Non enim mutatur iuxta conditionem nostram de futurum esse in esse, vel de esse in fuisse, sed semper idem est, et semper est quod est.

Sicut ergo Deus unus idemque semper est, ita apud eum omnia posse indefectivum atque impertransibile semper adest. Et sicut veraciter et absque ulla penitus contradictione dicimus, quia hoc nunc et semper est Deus, quod erat ante saecula, ita nihilominus veraciter dicimus, quia hoc nunc et semper potest Deus, quod poterat ante saecula. Si ergo per omnia semper potest Deus, quicquid ab initio potuit, potuit autem ante rerum conditionem, ut quae nunc facta sunt nullatenus fierent, potest igitur, ut facta minime fuissent. Posse siquidem eius fixum est et aeternum, ut quicquid umquam potuit, semper possit, nec varietas temporum apud aeternitatem ullum vicissitudinis invenit locum, sed sicut idem est quod in principio erat, sic etiam totum potest quicquid ante saecula poterat.

Propositae igitur disputationi adhibenda est clausula. Si itaque omnia posse coaeternum est Deo, potuit Deus ut quae facta sunt, facta nun fuerint. Sed omnia posse coaeternum est Deo, potest igitur Deus, ut quae facta sunt, facta non fuerint. Constanter igitur et fideliter asserendum, quia Deus sicut omnipotens dicitur, ita sine ulla prorsus exceptione veraciter omnia potest, sive in his quae facta sunt, sive in his quae facta non sunt, ut illud Hester elogium velut inviolabile ponatur in opusculi conclusione signaculum: *Domine, rex omnipotens, in ditione tua cuncta sunt posita, et non est qui possit tuae resistere voluntati. Tu enim fecisti caelum et terram, et quicquid caeli ambitu continetur, Dominus omnium tu es, nec est qui resistat maiestati tuae.*

[163] Mal 3,6.
[164] Joh 8,58.
[165] Est 13, 9–11.

ist, was er ist, so kann auch das Können Gottes nicht verändert werden. Er selbst ist es ja, der durch den Propheten spricht:[163] *Ich, der Herr, habe mich nicht geändert.* Und im Evangelium:[164] *Noch ehe Abraham wurde, bin ich.* Er verändert sich also nicht – wie wir – vom Zukünftigsein ins Sein, oder vom Sein ins Gewesensein, sondern er ist immer derselbe, und ist immer, was er ist.

Wie also Gott immer ein und derselbe ist, so ist bei ihm alles Können unfehlbar und unvergänglich immer da. Und so wie wir wahrhaft und ganz und gar ohne jeden Widerspruch sagen, dass Gott das jetzt und immerdar ist, was er vor aller Zeit war, so sagen wir genauso wahrhaft, dass Gott das jetzt und immerdar kann, was er vor allen Zeiten konnte. Wenn also Gott in jeder Hinsicht immer alles kann, was er von Anfang an konnte, konnte er aber auch vor der Erschaffung der Dinge machen, dass das, was jetzt geschehen ist, keineswegs geschähe – also kann er machen, dass das, was geschehen ist, durchaus nicht geschehen wäre. Denn sein Können ist unabänderlich und ewig, so dass er, was immer er jemals konnte, immer noch kann – und bei der Ewigkeit findet keinerlei Wechsel der Zeiten statt: sondern so, wie er derselbe ist, der er im Anfang war, so kann er auch alles, was er vor allen Zeiten konnte.

Die vorgelegte Erörterung kommt folglich zu dem Schluss: Wenn also alles Können Gott gleichewig ist, konnte Gott machen, dass, was geschehen ist, nicht geschehen ist. Aber alles Können ist Gott gleichewig, also kann Gott machen, dass, was geschehen ist, nicht geschehen ist. Standhaft und gläubig muss man also erklären, dass Gott – so wie er allmächtig genannt wird – so ganz und gar ohne jede Ausnahme wahrhaft alles kann, sei es bei dem, was geschehen ist, sei es bei dem, was nicht geschehen ist, so dass jenes Lob der Ester als ein unverletzliches Zeichen an den Schluss dieser kleinen Schrift gesetzt sei:[165] *Herr, allmächtiger König, alles steht in deiner Macht, und keinen gibt es, der sich deinem Willen widersetzen kann. Denn du hast Himmel und Erde gemacht, und alles, was der Himmelslauf umfasst. Du bist Herr über alles, und niemand kann sich deiner Majestät widersetzen.*

18. Ubi scriptor omnes simul fratres alloquitur

Verumtamen quaestio ista licet adversus Deum inaniter opponatur, habet alias latebras, continet obscuros sinus atque recessus, quos nos subtilius adhuc rimari idcirco desistimus, quia vitamus volumen extensum, qui proposuimus epistolare compendium. Praesertim dum semper super hac disputandi materia nil aliud nobis attinere decernimus, nisi ut ex impotentia Dei devolutam super nos calumniam veritatis allegationibus repellamus.

Sed dum ista perscribimus, quod cor ferventius aestuat, cohibere silentio, ut saltim scintilla non effluat, non valemus. Igitur ut iam omnes communiter alloquar, nolo vos lateat, venerabiles fratres mei, quia ex quo gloriosi coenobii vestri limen excessi, vos iugiter prae oculis habui, vos intimae visceribus devotionis adstrinxi, atque, ut ita fatear, redeunti mihi a Cassini sacratissimo templo idem contigit, quod et mulieri quae revertebatur a Silo tabernaculo, ut nimirum *vultus* mei non fuissent *amplius in diversa mutati.* Vobiscum sane praesentialiter habito, vobis semper assisto. Alioquin si propterea non sum vobiscum, quia corporalibus vos oculis non intueor, ergo nec ipsi oculi non sunt in capite, quia caput cernere nequeunt, vel ipsi sibimet oculi absentes sunt, quia nec quisque se nec uterque se invicem mutua contemplatione conspiciunt. Beati siquidem qui vobiscum vivunt, beati qui inter vos et in sanctis vestris operibus moriuntur. Pia nimirum fide credendum est, quia scala illa, quae de Cassino monte olim in caelum videbatur erecta, adhuc palliis strata lampadibusque corusca, sicut tunc excepit ducem, ita nunc exercitum transmittit ad caelestia subsequentem, nec ab eius glorioso tramite declinantes exorbitant iam defuncti, cuius dum in hoc exilio viverent, vestigia sunt secuti. Hoc est illud intimi fervoris incendium, quod mihi inextinguibiliter flagrat in corde, haec perpes fabula, quae meo versatur in ore.

---

166 1 Sam 1,18 (Damiani hat den Wortlaut der *Versio antiqua*).

167 Vgl. Brief 11 vom Juni 1045 (Reindel [Hg.], *Die Briefe des Petrus Damiani*, Teil 1, S. 138, Z. 7 ff.).

168 Vgl. Gregor der Große, *Vita Benedicti. Das Leben und die Wunder des verehrungswürdigen Abtes Benedikt* (= Dialogi, 2. Buch, hier Kap. 37, Nr. 3), Stuttgart (Reclam) 2015, S. 126 f. Damiani verschmilzt das biblische Bild der Himmelsleiter aus Gen 28,12 mit der Straße, die, nach der Vision zweier Brüder, aus der Sterbezelle Benedikts »geradewegs ostwärts bis in den Himmel führte« (ebd.).

18. Wo der Autor sich an alle Brüder zugleich wendet

Wenn auch diese Frage vergeblich Gott gegenüber aufgeworfen wird, so birgt sie doch noch andere Schlupfwinkel, enthält sie undurchschaubare Windungen und Falten, die gründlicher zu erforschen wir fürs Erste unterlassen, weil wir ein umfangreiches Buch vermeiden wollen, da wir ja nur einen Grundriss im Briefformat vorlegen wollten. Zumal wir immer dafürhalten, dass es bei diesem Gegenstand der Erörterung für uns lediglich darum geht, die Verdrehung der Wahrheit, die infolge der [angeblichen] Ohnmacht Gottes über uns hereingebrochen ist, mit Gegengründen zurückzuweisen.

Doch noch während wir das zu Papier bringen, ist es uns unmöglich, unser Herz, das mächtig erglüht, mit Schweigen zu zügeln, so dass auch kein Funke herausspringt. Deshalb – um euch nun alle gemeinsam anzusprechen – möchte ich euch nicht in Unkenntnis darüber lassen, verehrungswürdige Brüder, dass ich, seitdem ich euer glorreiches Kloster verlassen habe, euch dauernd vor Augen hatte, euch ins Innerste meines ganz persönlichen Gebets hereinnahm, und – dass ich es nur bekenne – mir, als ich vom allerheiligsten Tempel von Monte Cassino heimkehrte, dasselbe widerfuhr, was auch der Frau geschah, die vom Heiligtum in Silo zurückkehrte: nämlich dass meine *Blicke nicht mehr abgelenkt waren.*[166] In der Tat, ich wohne leibhaftig mit euch, immer stehe ich euch bei. Andernfalls – wenn ich deshalb nicht bei euch wäre, weil ich euch nicht mit leiblichen Augen sehe: dann sind auch nicht einmal die Augen im Kopf, weil jedes von ihnen das andere nicht in gegenseitiger Betrachtung erblicken kann.[167] Glückselig also, die mit euch leben, glückselig, die bei euch und euren heiligen Werken sterben. In frommem Vertrauen muss man glauben, dass jene Leiter, die einst von Monte Cassino gen Himmel gerichtet zu sehen war, auch jetzt noch, mit Stoffen bedeckt und im Licht der Fackeln schimmernd,[168] so wie sie damals den Anführer aufnahm, auch jetzt sein Heer hinüberbringt, das ihm in die himmlischen Regionen folgt – und dass auch die schon Verstorbenen nicht aus der Bahn geraten, indem sie etwa von seinem ruhmreichen Weg abweichen: sind sie doch schon, als sie noch in diesem Ort der Verbannung lebten, seinen Spuren gefolgt. Das ist jenes Feuer meiner inneren Glut, das mir unauslöschlich im Herzen brennt – das die ständige Rede, die ich im Mund führe.

Inter caeteros autem virtutum flores, quos in illo agro pleno, cui benedixit Dominus, reperi, fateor hoc mihi non mediocriter placuit, quod ibi puerorum scholas, qui saepe rigorem sanctitatis enervant ac dissipant, non inveni, sed omnes aut senes cum quibus utique *nobilis vir* ecclesiae sedebit *in portis*, aut iuvenali decore laetantes, qui nimirum ut filii prophetarum idonei sunt ad Heliam per deserta quaerendum, aut certe adolescentiae adhuc flore vernantes, qui iuxta apostolum Iohannem vicere malignum.

Ecce quod nunc occurrit, dicam ad consolationem domini mei Petri, qui olim civis fuerit Capuanus, nunc in militia est aeterni regis adscriptus.

19. De puero clausis foribus intromisso

Puerulus quidam aetate quinquennis, Ubaldi scilicet nobilissimi viri, qui mecum degit in heremo, filius, in meo monasterio factus fuerat monachus. Hic aliquando intempestae noctis silentio quiescentibus fratribus sive egressus sive sublatus sit, nescio. Sed cum pistor in pistrino iaceret, interrupto ad horam somno vestem quae sibi comminus adiacebat, sibime voluit superponere, ut frigus arceret. Extendens itaque brachium dormientem iuxta se reperit puerum. Repente stupefactus et valde perterritus festinus exurgit, lucernam accendit, totamque domum sollicita curiositate circumiens omnes aditus clausos et obseratos invenit. Mane autem facto non parva inter fratres ammiratio versabatur, nimirum puer qui remota omni dubietate praeterito vespere in stratu suo ipsis videntibus quievisset, qualiter in pistrinum clausis ianuis ingredi potuisset. Et quidem de apostolis legitur, cum educendi essent de custodia publica, quia veniens *angelus Domini, per noctem aperiens ianuas carceris et educens eos dixit:*

---

[169] Vgl. Gen 27,27.

[170] Vgl. Spr 31,23.

[171] Anspielung auf die fünfzig starken Männer, die ausziehen, um Elias zu suchen, nachdem er in den Himmel entrückt worden war: vgl. 2 Kön 2.

[172] 1 Joh 2,13. – Zu den verschiedenen Altersstufen beim Klostereintritt vgl. Brief 117 (Reindel [Hg.], *Die Briefe des Petrus Damiani*, Teil 3, S. 318 f.).

[173] In Brief 67 (Reindel [Hg.], *Die Briefe des Petrus Damiani*, Teil 2, S. 286, Z. 2) wird ein »comes Ubaldus«, also ein Graf erwähnt, über dessen Lebensumstände jedoch nichts Näheres mitgeteilt wird. Möglicherweise ist dieser

Unter den übrigen Blüten der Tugend, die ich in diesem fruchtbaren Feld, das der Herr gesegnet hat,[169] gefunden habe, hat mir – ich gestehe es – nicht wenig gefallen, dass es hier keine Grundschulen gibt, die häufig die Strenge des Ordenslebens schwächen und zum Verschwinden bringen: sondern ihr alle seid entweder Greise, mit denen *ein geachteter Mann* der Kirche *in den Torhallen* sitzt,[170] oder ihr strotzt vor Jugendlichkeit und wärt wie die Söhne der Propheten geeignet, Elias in der Wüste zu suchen,[171] oder ihr steht noch in der ersten Blüte der Jugend und habt, wie der Apostel Johannes sagt, den Bösen besiegt.[172]

Sieh, was nun folgt, sage ich zum Trost meines Herrn Petrus, einst Bürger von Capua, jetzt zum Heer des himmlischen Königs einberufen.

19. Von dem Jungen, der durch geschlossene Türen kam

Ein fünfjähriger Knabe, Sohn des hochangesehenen Ubaldus,[173] der mit mir in der Einsiedelei lebt, war in meinem Kloster Mönch geworden. Einmal, in der Stille der tiefsten Nacht, während die Brüder ruhten, ging er hinaus oder wurde er weggeholt – ich weiß es nicht. Der Bäcker aber, der im Backhaus lag, wollte, nachdem er gerade aufgewacht war, sich mit seinem Gewand, das er in der Nähe hatte, zudecken, um die Kälte abzuwehren. Er streckt also seinen Arm aus und findet den schlafenden Jungen neben sich. Sogleich, erstaunt und sehr erschreckt, steht er eilends auf, zündet eine Laterne an, geht mit banger Neugier um das ganze Haus herum und findet alle Türen geschlossen und verriegelt. Sobald es aber Tag geworden war, herrschte unter den Brüdern große Verwunderung: wie hätte denn der Knabe, der zweifellos am Abend zuvor in seinem Lager geruht hatte (das hatten sie selbst gesehen), bei verschlossenen Türen ins Backhaus kommen können? Von den Aposteln liest man freilich, dass, als sie aus dem öffentlichen Gefängnis herausgeführt werden sollten, *ein Engel des Herrn* kam, *nachts die Gefängnistore öffnete, sie herausführte und sagte: Geht, tretet im Tempel auf und verkündet*

---

bzw. der Erstgenannte mit dem mehrmals in Brief 158 zitierten (Reindel [Hg.], *Die Briefe des Petrus Damiani*, Teil 4, S. 84, Z. 24f.; S. 85, Z. 31; S. 86, Z. 17) Bruder Hubaldus identisch, von dem Damiani über den asketischen Ehrgeiz seines Neffen Damianus erfahren hat.

Ite, et stantes loquimini in templo plebi omnia verba vitae huius. De Petro autem rursus legitur, quia cum praecederet eum angelus de carcere *ad portam ferream, ultro aperta est eis.* De Paulo etiam, quia *subito terremotus factus est magnus, ita ut moverentur fundamenta carceris, et confestim aperta sunt ostia omnia et universorum vincula soluta sunt.* Porro autem cum beatos apostolos etiam angeli de custodiis non educerent, nisi prius ianuas aperirent, mirum est valde, quomodo puer vel magicis artibus hominum vel praestigiis spirituum immundorum clausam undique domum non apertis foribus ingredi potuit. Nam et ipse puer sollicite requisitus hoc addebat, quia quidam homines eum assumentes ad magnum convivium deduxerunt, ubi videlicet omnes epularum delitiae videbantur, eumque manducare fecerunt. Referebat etiam, quod eum usque ad castellum quod supereminet monasterio, deferentes super ipsum tintinnabulum, quod iuxta basilicam in excelso dependet, imposuerunt.

Hoc autem idcirco duximus describendum, ut unusquisque nostrum, dum et ipsos pueros, qui peccare necdum noverunt, maligni hostis insidiis subiacere considerat, ipse quoque quod patitur, aequanimiter ferat. Illatas nempe a maligno hoste molestias cum quanta debent portare patientia peccatores, cum illorum aliquando fraudes et ipsi perferant innocentes? Ergo frater ille quem dicimus in suis hortor tribulationibus gaudeat, et temptationis impactae malleo animae suae purgari rubiginem fiducialiter credat. Non enim est, ut ipse diabolus terrendo fingit, futurae damnationis indicium, sed aeternae potius salutis augmentum.

Spiritus Sanctus, qui est lumen aeternum et remissio peccatorum, omnes vos illuminet et absolvat, sedulamque mei memoriam in sanctis orationibus vestris vos habere praecipiat.

---

[174] Apg 5,19f.
[175] Apg 12,10.
[176] Apg 16,26.

dem Volk alle Worte dieses Lebens![174] Von Petrus wiederum liest man, dass, als ihm ein Engel aus dem Kerker vorausging *an das eiserne Tor, es sich ihnen von selbst öffnete.*[175] Auch von Paulus:[176] *Plötzlich begann ein gewaltiges Erdbeben, so dass die Grundmauern des Gefängnisses wankten. Mit einem Schlag sprangen alle Türen auf, und allen fielen die Fesseln ab.* Wenn aber selbst die Engel die seligen Apostel nicht aus ihren Gefängnissen herausführten, ohne vorher die Türen zu öffnen, ist es schon sehr verwunderlich, wie der Knabe, entweder durch magische Künste von Menschen oder durch Blendwerk unreiner Geister, in das von allen Seiten geschlossene Haus gelangen konnte, ohne dass die Türen geöffnet wurden. Denn auch der Knabe selbst, sorgfältig befragt, fügte noch hinzu: einige Männer hätten ihn mitgenommen und zu einem großen Gastmahl geführt, wo alle Tafelfreuden zu sehen waren, und ließen ihn essen. Er berichtete auch, dass sie ihn bis zur Burg, die über dem Kloster liegt, brachten und ihm dabei das Glöckchen umtaten, das hoch oben neben der Basilika hängt.

Das aber schien uns deshalb aufschreibenswert, damit ein jeder von uns, wenn er bedenkt, dass sogar die Kinder, die noch nicht sündigen können, den Nachstellungen des bösen Feindes ausgesetzt sind, auch selbst mit Gleichmut trägt, was er zu dulden hat. Mit wie viel Geduld müssen doch die Sünder die vom bösen Geist auferlegten Belästigungen ertragen, wenn sogar die Unschuldigen mitunter die Betrügereien jener über sich ergehen lassen? So möge sich also der besagte Bruder bitte in seiner Drangsal freuen und zuversichtlich glauben, dass unter den Hammerschlägen der Versuchung sich der Rost seiner Seele löst. Es ist nämlich nicht, wie der Teufel zwar, um uns Angst zu machen, vorgibt, ein Zeichen der künftigen Verdammnis, sondern vielmehr ein Zuwachs an ewigem Heil.

Der Heilige Geist, der das ewige Licht und die Vergebung der Sünden ist, erleuchte euch alle und erteile euch die Absolution, und lehre euch, in euren Gebeten eifrig meiner zu gedenken.

Literaturverzeichnis

Bibliographien zu Petrus Damiani

Ugo Facchini, *Pier Damiani un Padre del secondo millennio. Bibliografia 1007–2007*, Roma 2007 (S. 368–373 zu *De divina omnipotentia*).

Petrus Damiani, in: *Repertorium edierter Texte des Mittelalters*, 2. Aufl. Berlin 2011, hg. von Rolf Schönberger u. a., Bd. III, S. 3143–3154.

Ausgaben von *De divina omnipotentia*

Petrus Damiani, *Brief 119*, in: Kurt Reindel (Hg.), *Die Briefe des Petrus Damiani*, Teil 3, München 1989, S. 341–384.

Petrus Damiani, *Opusculum 36*, in: Patrologia Latina, Bd. 145, Sp. 595 B – 622 D.

S. Petri Damiani De divina omnipotentia in reparatione corruptae et factis infectis opusculum, in: S. Pier Damiani, *De divina omnipotentia e altri opuscoli* (lat./it.), hg. von Paolo Brezzi, übers. von Bruno Nardi, Firenze 1943, S. 49–161.

Pierre Damien, *Lettre sur la toute-puissance divine* (lat./frz.), hg. und übers. von André Cantin, Paris 1972, S. 383–489 (sehr ausführliche Einleitung auf S. 3–358).

Peter Damian, *Letter 119*, in: Peter Damian, *Letters 91–120*, übers. von Owen J. Blum O.F.M., Washington 1998, S. 344–386.

Pier Damiani, *Lettera 119*, in *Opere di Pier Damiani*. Lettere 113–150, ed. N. D'Acunto und L. Saraceno, Roma 2018, S. 106–161.

Werkausgaben

a) S. Petri Damiani, *Opera Omnia*, in: *Patrologia Latina*, Bd. 144, 145, Paris 1853.

b) *Opere di Pier Damiani. Edizione latino-italiana*, promossa dalla Congregazione Camaldolese OSB, diretta da Guido Innocenzo Gargano, auf 12 Bde. in vier Abteilungen berechnet, davon bisher 9 Bde. erschienen:

– I: Lettere (insgesamt 8 Bde.), ed. C. I. Gargano, N. D'Acunto e L. Saraceno

I/1: Lettere 1–21, Roma 2000.

I/2: Lettere 22–40, Roma 2001.

I/3: Lettere 41–67, Roma 2002.
I/4: Lettere 68–90, Roma 2005.
I/5: Lettere 91–112, Roma 2011.
I/6: Lettere 113–150, Roma 2018.
I/7: Lettere 151–164 (noch nicht erschienen).
I/8: Lettere 165–180 (noch nicht erschienen).
– II: Sermoni, ed. U. Facchini e L. Saraceno.
II/1: Sermoni 2–35, Roma 2013.
II/2: Sermoni 36–76, Roma 2015.
– III: Vite di santi, ed. L. Saraceno e U. Longo (noch nicht erschienen).
– IV: Poesie e preghiere, ed. U. Facchini, L. Saraceno, Roma 2007.

Briefe

Die Briefe des Petrus Damiani, ed. Kurt Reindel (digitalisiert abrufbar unter dmgh.de, Abteilung Epistolae [Briefe], *Die Briefe der deutschen Kaiserzeit*, IV. Band, *Die Briefe des Petrus Damiani*, Teil 1–4).
Teil 1, Nr. 1–40, München 1983.
Teil 2, Nr. 41–90, München 1988.
Teil 3, Nr. 91–150, München 1989.
Teil 4, Nr. 151–180, München 1993.

Einzelausgaben

Petrus Damiani, *Das Büchlein vom Dominus Vobiscum. Vom Geiste, der den einsamen Beter des Stundengebets erfüllen soll*, ed. Adolf Kolping, Düsseldorf 1949.
– *Vita beati Romualdi*, ed. Giovanni Tabacco, Roma 1957.
– *Sermones*, ed. Giovanni Lucchesi, Turnhout 1983 (= Corpus Christianorum / Continuatio mediaevalis, Bd. 57).

Quellen

Anselm von Canterbury, *Proslogion*, übers. von Robert Theis, Stuttgart (Reclam) 2005.
– *Cur Deus homo. Warum Gott Mensch geworden*, übers. von F. S. Schmitt, Darmstadt 1956.
Aristoteles, *Kategorien. Lehre vom Satz (Peri hermeneias)*, übers. von Eugen Rolfes, Hamburg 1958.
– *Nikomachische Ethik*, übers. von Ursula Wolf, Reinbek bei Hamburg 2006.

Aristoteles' Physik, 1. Halbband, griech./dt., ed. Hans Günter Zekl, Hamburg 1987.

Aristoteles' Metaphysik, 1. Halbband, griech./dt., ed. Horst Seidl, 2. Aufl. Hamburg 1982.

Ascelinus, *Brief an Berengar von Tours*, PL 150, Sp. 67 f., franz. Übers., in: A. Clerval, *Les écoles de Chartres au moyen-âge*, Paris 1895 (Nachdruck Frankfurt a. M. 1965), S. 137–140.

Augustinus, *De civitate Dei. Vom Gottesstaat*, Buch 11–22, 2. Aufl. München 1985.

- *Contra Faustum*, PL 42.
- *De Trinitate*, Turnhout 1968.

Des heiligen Kirchenvaters Augustinus fünfzehn Bücher über die Dreieinigkeit, übers. von Michael Schmaus, München 1935.

- *Dreiundachtzig verschiedene Fragen. De diversis quaestionibus octoginta tribus*, übers. von C. J. Perl, Paderborn 1972.
- *Enarrationes in Psalmos 134–140*, ed. Franco Gori, Wien 2002.
- *In Iohannis Evangelium tractatus* 124, Turnhout 1954.
- *De natura boni Die Natur des Guten*, übers. von Brigitte Berges, Bernd Goebel und Friedrich Hermanni, in: Augustinus, *Opera Werke*, Bd. 22, Paderborn u. a. 2010.

Giovanni Boccaccio, »Vita di San Pier Damiani«, in: *Opere latine minori*, ed. A. F. Massara, Bari 1928, S. 245–256.

Boethius, *Trost der Philosophie*, hg. von Kurt Flasch, München 2005.

- *On Aristotle On Interpretation 9, first and second commentaries*, übers. von Norman Kretzmann, London u. a. 2014.
- *De differentiis topicis*, PL 64.
- *De syllogismo hypothetico* libri duo, PL 64.

Bonaventura, *Sentenzenkommentar*, I, dist. 42, qu. 3, in: Boulnois, S. 178–184.

Jorge Luis Borges, »Der andere Tod«, in: ders., *Das Aleph*, in: *Sämtliche Erzählungen*, München 1970, S. 54–60.

Dante, *Commedia*, Paradiso, Canto 21, in deutscher Prosa von Kurt Flasch, Frankfurt a. M. 2011, S. 363–365.

Dionysius Areopagita, *De divinis nominibus*, dt. in: ders., *Von den göttlichen Namen*, in: ders., *Über alles Licht erhaben. Die Werke*, übers. von Edith Stein, Kevelaer 2015, S. 18–120.

Fredegisus von Tours, *De nihilo e tenebris*, PL 105, Sp. 751–756.

Gilbert von Poitiers, *Kommentar zum Traktat des Boethius Über die Trinität*, übers. von Isabelle Mandrella und Hannes Möhle, Freiburg u. a. 2017.

Gregor der Große, *Vita Benedicti. Das Leben und die Wunder des verehrungswürdigen Abtes Benedikt* (= Dialogi, 2. Buch), Stuttgart (Reclam) 2015.

Gregor von Rimini, *Sentenzenkommentar*, I, dist. 42–44, qu. 1, art. 2, in: Boulnois, S. 365–382.

Hieronymus, Brief 22, in: Saint Jerôme, *Lettres*, Bd. 1, Paris 1949.

Isidor von Sevilla, *Etymologien*, online abrufbar.

Johannes von Lodi, »Vita Petri Damiani«, ed. Stephan Freund, in: ders., *Studien zur literarischen Wirksamkeit des Petrus Damiani*, Hannover 1995, S. 177–265.

Lanfrank, *Kommentar zum 1. Korintherbrief*, PL 150, Sp. 155 ff.

Macrobius, *Commentariorum in Somnium Scipionis libri duo*, II, 14, 25; ed. Mireille Armisen-Marchetti, Bd. 2, Paris 2003.

Nikolaus von Kues, *De docta ignorantia*, Buch I, hg. von Paul Wilpert, 3. Aufl. Hamburg 1979.

Francesco Petrarca, *De vita solitaria*, in: Petrarca, *Opere Latine*, Bd. 1, 2. Aufl. Torino 1987.

Platon, *Theaitetos*, in: ders., *Sämtliche Werke*, übers. von F. Schleiermacher, ed. E. Grassi, Hamburg 1986, S. 103–181.

Thomas von Aquin, *Sentenzenkommentar*, I, dist. 42, qu. 2, art. 2 (in: Boulnois, S. 224–229).

Thomas von Aquin, *Summe gegen die Heiden*, Buch II, Kap. 25, hg. und übers. von Karl Albert und Paulus Engelhardt, S. 72–79.

Thomas von Aquin, *Summa theol.*, I, qu. 25, art. 4, in: *Deutsche Thomas-Ausgabe*, Bd. 2, S. 289–292.

Thomas von Aquin, *Summa theol.*, II-II, qu. 152, art. 3, in: DThA, Bd. 22, S. 25–30.

Thomas von Aquin, Summa theol., III, qu. 9, art. 1, in: DThA, Bd. 25, S. 240–244.

Thomas von Aquin, *De potentia*, qu. 1, art. 3, in: *Quaestiones Disputatae*, Bd. 2, Rom 1965, S. 12–16.

Thomas von Aquin, *Quodlibet* V, qu. 2, art. 1, in: *Opera Omnia*, Bd. XXV/2, Rom/Paris 1996, S. 367.

Thomas von Aquin, *In Aristotelis libros Peri Hermeneias et Posteriorum Analyticorum expositio*, 2. Aufl. Turin 1986.

Thomas von Aquin, *De aeternitate mundi* (Die Ewigkeit der Welt), in: *Über die Ewigkeit der Welt. Texte von Bonaventura, Thomas von Aquin und Boethius von Dacien*, übers. von Peter Nickl, Frankfurt a. M. 2000, S. 82–103.

Wilhelm von Auxerre, *Summa aurea*, Buch I., Traktat 11, Frage 6, in: Boulnois, S. 121–123.

Sekundärliteratur

Benedikt XVI., Generalaudienz vom 9. September 2009: *Hl. Petrus Damiani*, online unter w2.vatican.va Benedikt XVI. Audienzen 2009w2.

Ruggero Benericetti, *L'eremo e la cattedra. Vita di san Pier Damiani*, Milano 2007 (S. 251–257 Bibl.).

Armando Bisogno, *Sententiae philosophorum. L'alto Medioeveo e la storia della filosofia*, Roma 2011, darin Kap. 6.2, »Pier Damiani e Lanfranco di Pavia«, S. 181–195.

Olivier Boulnois (Hg.), *La puissance et son ombre. De Pierre Lombard à Luther*, Paris 1994.

Thomas G. Bucher, »Petrus Damiani ein Freund der Logik?«, in: *Freiburger Zeitschrift für Philosophie und Theologie* 36 (1989), S. 268–310.

André Cantin, *Les sciences séculières et la foi. Les deux voies de la science au jugement de S. Pierre Damien (1007–1072)*, Spoleto 1975.

Carla Casagrande e Silvana Vecchio, *I sette vizi capitali. Storia dei peccati nel Medioevo*, Torino 2000.

Francesco Corvino, »Necessità e libertà di Dio in Pier Damiani e in Anselmo d'Aosta«, in: Helmut Kohlenberger (Hg.), *Analecta Anselmiana*, Bd. V, Frankfurt a. M. 1976, S. 245–260.

William J. Courtenay, *Covenant and Causality in Medieval Thought*, London 1984 (darin Kap. VIIIa, »John of Mirecourt and Gregory of Rimini on Whether God Can Undo the Past«).

Nicolangelo D'Acunto (Hg.), *Pier Damiani e il monastero di San Gregorio in Conca nella Romagna del secolo XI. Atti del Convegno di studio in occasione del primo millenario della nascita di Pier Damiani (1007–2007)*, Spoleto 2008.

Lu De Vos, »Das Geschehene ungeschehen machen. Über eine Denkfigur bei Fichte und Hegel«, in: *Jahrbuch für Hegelforschung* 4/5 (1998), S. 221–230.

Fridolin Dressler, *Petrus Damiani. Leben und Werk*, Rom 1954 (S. IX–XVIII Bibl.).

Jos. Ant. Endres, *Forschungen zur Geschichte der frühmittelalterlichen Philosophie*, Münster 1915.

August Faust, *Der Möglichkeitsgedanke*, 2. Teil, Heidelberg 1932, darin § 27, »Petrus Damiani« (S. 72–95), § 28, »Die Existenzialproblematik des Begrifflichen (von Petrus Damiani bis Hegel)«, S. 95–118.

Kurt Flasch, *Kampfplätze der Philosophie*, Frankfurt a. M. 2008.

Giuseppe Fornasari, Artikel »Petrus Damiani«, in: *Lexikon des Mittelalters*, Bd. VI, München und Zürich 1993, Sp. 1971.

Giuseppe Fornasari, »Zwischen Neurose und Heiligkeit – der Fall des Petrus Damiani«, in: *Bayern und Italien, Festschrift für Karl Reindel zum 75. Geburtstag*, hg. von Heinz Dopsch, Stephan Freund, Alois Schmid, München 2001, S. 149–170.

Stephan Freund, *Studien zur literarischen Wirksamkeit des Petrus Damiani*, Hannover 1995 (S. X–XXII Bibl.).

Richard Gaskin, »Peter of Ailly and Other Fourteenth-Century Thinkers on Divine Power and the Necessity of the Past«, in: *Archiv für Geschichte der Philosophie* 79 (1997), S. 273–291.

J. Gonsette, *Pierre Damien et la culture profane*, Louvain/Paris 1956.

Toivo J. Holopainen, *Dialectic and Theology in the Eleventh Century*, Leiden u. a. 1996.

Hans Peter Laqua, *Traditionen und Leitbilder bei dem Ravennater Reformer Petrus Damiani. 1042–1052*, München 1976.

J. Isaac, *Le* Peri hermeneias *en Occident de Boèce à saint Thomas*, Paris 1953.

Simo Knuuttila, *Modalities in Medieval Philosophy*, London/New York 1993, darin zu Damiani Kap. 2, »Philosophical and theological modalities in early medieval thought«, hier S. 62–68.

Jean Leclercq, *Saint Pierre Damien, ermite et homme d'Église*, Rom 1960.

– »Les formes successives de la lettre-traité de Saint Bernard contre Abélard«, in: *Revue bénédictine* 78 (1968), S. 87–105.

Christian Lohmer, *Heremi conversatio. Studien zu den monastischen Vorschriften des Petrus Damiani*, Münster 1991.

Umberto Longo, Artikel »Pier Damiani«, in: *Dizionario Biografico degli Italiani*, Bd. 83 (2015), online.

Giovanni Lucchesi, *Per una vita di san Pier Damiani. Componenti cronologiche e topografiche*, in: *San Pier Damiano nel IX centenario della morte (1072–1972)*, Bd. 1, Cesena 1972, S. 13–179; Bd. 2, Cesena 1972, S. 13–160.

Lawrence Moonan, »Impossibility and Peter Damian«, in: *Archiv für Geschichte der Philosophie* 62 (1980), S. 146–163.

Peter Nickl, »Gott und Zeit bei Petrus Damiani«, in: Günther Mensching (Hg.), *De usu rationis. Vernunft und Offenbarung im Mittelalter*, Würzburg 2007, S. 159–169.

Francis Oakley, *Omnipotence, Covenance, and Order: An Excursion in the History of Ideas from Abelard to Leibniz*, Ithaca/London 1984, darin zu Damiani Kap. 2, »St. Jerome and the Sad Case of the Fallen Virgin«, S. 41–65.

Glenn W. Olsen, *Of Sodomites, Effeminates, Hermaphrodites, and Androgynes. Sodomy in the Age of Peter Damian*, Toronto 2011.

Kurt Reindel, »Studien zur Überlieferung der Werke des Petrus Damiani I–III«, in: *Deutsches Archiv für Erforschung des Mittelalters* 15 (1959), S. 23–102 (I); 16 (1960), S. 73–154 (II); 18 (1962), S. 317–417 (III).

Irven Michael Resnick, *Divine Power and Possibility in St. Peter Damian's* De divina omnipotentia, Leiden u. a. 1992.

Peter Schulthess, *Die Philosophie im lateinischen Mittelalter*, Zürich/Düsseldorf 1996.

Max Seckler, »›Philosophia ancilla theologiae‹. Über die Ursprünge und den Sinn einer anstößig gewordenen Formel«, in: *Theologische Quartalschrift* 171 (1991), S. 161–187.

Peter Sloterdijk, *Du musst dein Leben ändern*, Frankfurt a. M. 2009.

Karl-Heinz Steinmetz, *Latro und Eremit: ein spiritualitätsgeschichtlicher Beitrag zur Anachorese, Transliminalität und Theologie der Freiheit bis zum Ausgang des Mittelalters*, Berlin 2014, hier S. 181–189: »Petrus Damiani und die Geißelung als *latro*-Frömmigkeit«.

Alfredo Zini, »La fortuna di s. Pier Damiani nel Petrarca e nel Boccaccio, con una traduzione di una lettera al Petrarca e della Vita Petri Damiani del Boccaccio«, in: *Studi su s. Pier Damiano in onore del cardinale Amleto Giovanni Cicognani*, Faenza 1961, S. 133–165.

Personenregister